LA CLAVE DE LA VENTA

JEFFREY LIPSIUS

LA CLAVE DE LA VENTA

(Selling to the point)

El nuevo rol del
vendedor en el siglo XXI

Empresa Activa

Argentina – Chile – Colombia – España
Estados Unidos – México – Perú – Uruguay – Venezuela

Título original: Selling to the point – *Because the Information Age Demands a New Way to Sell – A Story*
Editor original: Berret-Koehler Publishers, Inc. Oakland, California

1.ª edición Abril 2017

Traducción: Manuel Ferrández, Pedro Rubio, Koro Cantabrana

ISBN: 978-84-92921-71-3
E-ISBN: 978-84-16990-34-4
Depósito legal: B-6.004-2017

Fotocomposición: Ediciones Urano, S.A.U.
Impreso por Romanyà Valls, S.A. – Verdaguer, 1 – 08786 Capellades (Barcelona)

Impreso en España – *Printed in Spain*

**¡La clave de la venta puede
transformar para siempre
tu manera de pensar sobre comprar y vender!**

En Essentials Inc. soplan aires de cambio. La supervivencia de la empresa está en entredicho por lo que hay que tomar algunas decisiones difíciles. ¿Debería venderse a inversores externos y abandonar sus ideales como empresa independiente o pueden encontrar una manera de cambiar desde dentro y crecer? Para que la empresa resulte atractiva a los inversores, la primera persona en quien se piensa para el despido es Rick, el formador de ventas de la compañía, conocido por su estilo poco ortodoxo. Sin embargo, la dirección empieza a fijarse en sus técnicas para mejorar los resultados de los vendedores, y descubren que en las ideas de Rick hay un tesoro escondido que él llama «La clave de la venta». ¿Pueden ser las ideas radicales de Rick la respuesta al dilema de Essentials?

Esta singular novela empresarial profundiza en ideas comúnmente aceptadas que no se cuestionan y nos descubre un nuevo camino para tener éxito en las ventas.
«La obra de Jeffrey Lipsius puede llegar a ser el libro de ventas más influyente de la década.»

TIMOTHY GALLWEY, fundador de *El juego interior*

Este libro se lo dedico a mi madre y a mi padre,
quienes me introdujeron en la profesión
de las ventas; a Sherry Kramer Saget,
quien me apoyó a lo largo de la creación
de este libro; y a Prem Rawat,
que me puso en contacto con la claridad
que estaba buscando.

Índice

Agradecimientos

Este libro no hubiera sido posible sin la sabiduría de mis dos mentores que han sido la fuente de mi inspiración, Prem Rawat y Timothy Gallwey. Tim Gallwey, a través de su método del juego interior, me mostró cómo conseguir resultados que superaran mis expectativas. Aprecio profundamente las brillantes ideas que tan generosamente compartieron conmigo a lo largo de muchas décadas.

Estoy agradecido por todo el apoyo recibido de Sherry Kramer Saget, incluyendo sus contribuciones a los procesos creativos y logísticos necesarios para escribir «Selling to the point».

También quiero dar las gracias a todos los profesores y entrenadores cuyas ideas han dado lugar a muchos de los principios de este libro. Las enseñanzas del doctor Stephen Wolinsky, así como de James South, Mark Victor Hansen, Jon Kabat Zinm, Fred Kofman y Peter Senge, todos han contribuido a mi conocimiento sobre cómo las personas interactúan en el trabajo.

Mi especial agradecimiento a Gerald Sindell y Sherry Kramer Saget por colaborar conmigo al escribir el libro.

Por último, y no menos importante, quiero agradecer a todos los vendedores que he entrenado y que aceptaron que practicase mis teorías con ellos. Fue su paciencia y su ánimo aventurero lo que hizo que este libro fuera posible.

Prólogo

Por Timothy Gallwey

Jeffrey Lipsius ha escrito un magnífico libro para personas que venden y compran. No se trata de otro método más para superar la cuota de ventas. El mensaje de Jeff es bastante original, pues pone de relieve una manera de pensar aparentemente obvia, pero con frecuencia inconsciente. «La venta no es el objetivo, sino la compra», dice el autor. «Y el proceso clave implicado en comprar es la decisión de compra, que solo el comprador puede tomar.» Como formador profesional en ventas, Lipsius vio las enormes implicaciones de este enfoque sobre la función del vendedor y que podía entrenarse mejor a los profesionales de las ventas.

El método tradicional de ventas, dice Jeff, *interfiere* más de lo que pensamos en la capacidad del comprador de utilizar todos sus recursos para decidir la compra. Incluso si el trato está cerrado, este puede recordar las razones del vendedor para que compre por encima de las suyas. De esta manera, el simple hecho de que se haya producido el intercambio no necesariamente garantiza que el comprador haga un buen uso del producto o repita el pedido.

No mucho después de la publicación de *El juego interior del tenis*, empecé a tener contacto con Jeff Lipsius, entonces director y jefe de formación de una exitosa empresa de la industria de complementos alimenticios. Lo más importante que yo había aprendido de jugar y enseñar tenis era que las instrucciones tradicionales provocaban muchas interferencias mentales en el proceso natural de aprendizaje del jugador. De hecho, podían no solo ralentizar la tasa de desarrollo de la habilidad del jugador, sino también generar ciclos de dudas de uno mismo, autojuicios y una dependencia tan grande de las instrucciones que podía afectar durante años a la fuerza, precisión y motivación.

Un día le comenté a Jeff que veía ese mismo patrón en el arte de la venta y le pregunté algo sobre lo que siempre había tenido curiosidad: «¿Por qué a la comunicación entre un comprador y un vendedor se le llama *conversación de venta*? Y ¿por qué tendrían que estar de acuerdo los compradores con esta definición, que es obviamente unilateral? ¿Cuál es más importante: el proceso de venta o el de compra?»

El gran logro de Jeff fue utilizar esta simple observación paradójica para examinar su impacto en la manera en que se enseña y se ejecuta la venta y, lo que quizá sea más importante, en el proceso de decisión del comprador. De esa investigación surgió una manera de contemplar la función de los vendedores desde una perspectiva totalmente diferente, pues cambió un conjunto de antiguas tácticas de venta por un proceso natural de ayuda a los compradores para que tomen decisiones mejores. ¿Y qué ocurre con esto? Pues que cuando los compradores ven que el vendedor está en su mismo equipo, la familiar resistencia a ser presionado se evapora; emerge un nuevo nivel de confianza entre el comprador y el vendedor que libera al primero para pensar por sí mismo mientras el vendedor se convierte en alguien que le asesora en su decisión.

Como es de imaginar, la idea de aprender un deporte sin necesidad de que te enseñen lo que tienes y no tienes que hacer no era compartida por muchos profesionales del tenis, que consideraban que su trabajo era enseñar lo correcto e incorrecto de la técnica, como ellos en su día habían aprendido de su instructor. Para la mayoría de los profesores de tenis, ese tipo de conocimiento tenía el valor que ellos debían transmitir. «Eso es para lo que me pagan», decía un instructor. «Si no hago eso, ¿qué valor aporto?»

Mi respuesta es: «La técnica en sí misma es obviamente importante. Pero ¿y si hay una forma mejor de aprender la técnica que no sea con palabras?» El valor está en el aprendizaje no en la instrucción. Cuando al estudiante de tenis se le entrena en cualquier técnica haciéndole que ponga su atención en cómo se siente y en cómo funciona, observando y sin intentar manipular el golpe conscientemente, está aprendiendo a formarse con la experiencia. Mientras aprende tenis está aprendiendo la manera de instruirse en cualquier cosa.

La clave de la venta se adelanta a la situación y da voz a los que se aferran a la máxima de la mayoría de escuelas de ventas que afirman que el vendedor que controle la conversación de ventas ganará más comisión. ¿Qué enfoque vencerá? ¿Vender intentando controlar o vender facilitando el proceso de compra del comprador? Existen muchas situaciones de compraventa, desde ventas al por menor hasta relaciones de venta de larga duración. Mi apuesta es que *La clave de la venta* será beneficioso tanto para el vendedor como para el comprador. Ambos incrementarán su aprendizaje y su relación de confianza, lo que aportará valor a ambas partes en prácticamente todo tipo de comunicaciones.

Algunos pensarán que la dirección de ventas puede no respaldar este tipo de resultado. No es verdad. Cualquier directivo que adopte *La clave de la venta* se dará cuenta de tres cosas:

1. Tanto si el cliente compra como si no, la práctica de los vendedores será un aprendizaje acelerado. Este método concede al vendedor una mayor conciencia de las necesidades de sus clientes y de sus procesos de decisión, y les da a ambos, comprador y vendedor, mayores probabilidades de éxito. Con este enfoque los vendedores estarán más dispuestos a tratar con sus directivos sobre cómo se podría mejorar el proceso de decisión de los clientes. Esto contrasta fuertemente con la manera en que hoy se conducen la mayoría de las reuniones de ventas. En la actualidad, los directivos piensan que su tarea es la de señalar las carencias de los vendedores y darles feedback (decirles lo que deberían o no deberían hacer), lo cual, generalmente, lo único que hace es incrementar la resistencia del vendedor ya sea consciente o inconscientemente.

2. Una mayor consciencia del cliente permite al vendedor ser más preciso cuando informa a su empresa de cómo reciben los clientes las presentaciones de su producto. Esta información permite a las empresas hacer las modificaciones necesarias para conseguir los resultados esperados.

3. Cuando el vendedor admite de verdad la toma de decisión del comprador, se establece una confianza que surge de manera natural. Así se evita la necesidad del vendedor de controlar en exceso para conseguir sus metas. El reconocimiento de que este quiere sinceramente que se tome la mejor decisión generará de manera natural confianza y lealtad hacia el vendedor, y este es un resultado que no tiene precio.

Lo que también hace genial a este libro es su fácil lectura debido a que el autor ha optado por escribirlo como una historia de ficción. Los principios y métodos de *La clave de la venta* pueden aprenderse sin esfuerzo simplemente siguiendo la historia y los diálogos entre los diferentes personajes. Esto permite al lector examinar los pros y los contras de la metodología y llegar a sus propias conclusiones acerca de su eficacia, de la misma manera que el autor recomienda que se deje libre al comprador para que este piense por sí mismo.

Creo que al poner en práctica el sabio enfoque de Lipsius muchos vendedores lo notarán, verán que afecta a su relación con el comprador y, por supuesto, que repercute a largo plazo en la productividad de las ventas.

Pronostico que con un poco de práctica, y tal vez un poco de entrenamiento, se va a convertir en el enfoque predominante de las conversaciones de compra y venta, simplemente porque tiene sentido tanto a nivel económico como humano.

Este libro está entre las mejores aplicaciones que conozco del estilo de pensamiento del juego interior. Aunque no es el libro oficial del *Juego interior*, Jeff ha creado una brillante aplicación que combina de manera práctica y original su comprensión del juego interior con su experiencia en ventas. Es un enfoque mucho más íntegro que el de otros que han utilizado la marca *Juego interior* sin el esfuerzo necesario para entender la esencia de su significado.

Puede que este llegue a ser el libro de ventas más influyente de la década, para sorpresa y alegría de sus editores. Mi propio editor de *El juego interior del tenis* predijo en 1974 que, basándose en el mercado del tenis, un objetivo de ventas razonable para el libro era de 20.000 ejemplares. Cuando las ventas superaron el millón y se convirtió en el libro más vendido en el área del tenis y la psicología del deporte, le pregunté a mi editor cómo explicaba haberse equivocado tanto en su pronóstico. Su respuesta fue: «Bueno, no esperábamos que la mayoría de los lectores no fuesen jugadores de tenis. El libro lo compró gente que veía una mejor forma de entender otras cosas, hasta se incluyó como lectura recomendada en un curso de ingeniería avanzada de una universidad líder, y lo compró un estudiante de una renombrada violinista que dijo que era el mejor libro que se había escrito nunca sobre cómo tocar el violín».

Los compradores pueden sacarle provecho a este libro del juego interior de muchas maneras, lo cual ¡me gusta! Por una parte, recuperarán su capacidad de decisión y acción, que serán las claves de todo el proceso. Por otra, allá donde lo precisen, retomarán parte del control perdido, estarán más abiertos a sus necesidades y llegarán a mejores decisiones de compra.

«Vender» no es simplemente una actividad comercial de intercambio de productos o servicios por dinero. Los líderes «venden» ideas y caen con demasiada facilidad en la manipulación. Los profesores «venden» sus lecciones frente a filas de jóvenes compradores sentados que podrían encontrar más motivación y beneficios si sus profesores fuesen más una especie de guías del proceso de aprendizaje. Puede que un título y una escuela autoricen a los profesores a enseñar, pero es innegable que los estudiantes tienen el control final y, de hecho, la autoridad para comprar o no lo que el profesor les ofrece, al igual que le sucede al comprador.

Las aplicaciones del enfoque de Lipsius son innumerables, ya sea en las relaciones entre padres e hijos, entre parejas y entre los ciudadanos y sus gobiernos. El principio a aplicar es sencillo: permite que la gente que tiene el control sobre una decisión particular ejerza ese control y deja que los que ayudan aprendan de los aprendices porque así obtienen un mayor control sobre cómo conectar con autenticidad con los demás.

En general, el juego interior es responsabilidad de cada individuo. Que cada uno acepte esa autoridad es lo primordial de ser consciente: elegir en función de nuestra propia visión de la situación y sacar provecho de lo que funciona y de lo que no funciona.

Espero que los lectores comprendan que la manera en que desarrollan la visión de su juego interior y cómo lo aplican son decisiones suyas. Sus consecuencias seguirán las leyes de la selección natural de las mejores maneras de decidir por nosotros mismos y la forma de comunicarnos experimentará una evolución continua. ¿Quién sabe? Podríamos, incluso, aprender a encontrar formas de resolver nuestros conflictos y ayudar a otros a hacer lo mismo y, al final, contribuir a un mundo con más paz.

Introducción

Me encanta vender. Me encanta ser parte de la profesión de ventas. Durante los cuarenta años de mi carrera, he desempeñado todas las funciones en esta área: vendedor, jefe de ventas, formador de ventas y vicepresidente de ventas. Aunque mi trabajo preferido es el de introducir a alguien en la profesión y formarlo para que tenga éxito. Afortunadamente, tengo muchas historias de éxito.

Con los años me di cuenta de que se obtenían mejores resultados cuando yo mismo formaba a un nuevo vendedor. Sin embargo, a pesar de haber asistido a muchos seminarios de ventas y de leer bastantes libros de formación en este campo, no acababa de sentirme cómodo con los métodos tradicionales de enseñanza para preparar a los nuevos vendedores hasta que llegué a la conclusión de que esos métodos no entendían cuál era la clave de las ventas.

Y aunque no estaba preparado para ser escritor, llegó el momento en el que ya no pude permanecer sentado observando cómo los formadores llevan a los vendedores por un camino del cual es posible que ya nunca regresen. Por tanto, decidí que era el momento de dar un paso adelante y simplemente escribir lo que mis años de experiencia me han hecho ver que funciona. Lo hago ahora porque la profesión de ventas, que tanto me interesa, se ve amenazada como nunca lo ha estado. En buena medida porque Internet permite a los potenciales clientes comprar virtualmente cualquier cosa sin consultar a los vendedores. Si la manera en que se les forma a estos no conecta con la manera en que los clientes compran, la venta como profesión se debilitará. De hecho, algunas empresas ya han reemplazado a su personal de ventas por sistemas de comercio electrónico. Cuando en los anuncios de televisión escucho decir como si fuese una ventaja: «No te llamará ningún vendedor», sé que la forma en la que se prepara a los vendedores necesita un reinicio.

¿Por qué me intereso tanto por la profesión de vender? Porque los vendedores pueden mover el mundo. Ellos presentan nuevas ideas valiosas en una sociedad que con frecuencia preferiría quedarse inmóvil en vez de ser parte del progreso. Los vendedores son el alma de los mercados de ideas. Sin ellos el mundo seguiría girando, pero la adopción de nuevas ideas se ralentizaría.

¿Por qué generalmente no se valora a los vendedores por las verdaderas aportaciones que hacen? Lo cierto es que los clientes potenciales tienden a evitarlos por la forma en que los vendedores han sido tradicionalmente formados. Les enseñan a estar demasiado pendientes de sí mismos, les dan guiones y argumentos de venta y luego se les envía al campo de juego esperando que los clientes se adapten a sus necesidades. ¡Esto es absurdo!, porque los clientes no deberían preocuparse de lo que los vendedores esperan de ellos, sencillamente deberían estar pensando en decidir si deben comprar o no.

La clave de la venta presenta un nuevo enfoque del acto de venta. Empieza mostrando a los vendedores de qué manera pueden ser conscientes en lugar de autoconscientes. Explica los principios, mentalidad y técnicas necesarias para influir en los clientes en el momento de la decisión. La formación de ventas tradicional se refiere al proceso de decisión del cliente como «la caja negra». Pues bien, en este libro abriremos esa caja negra.

El primer paso para el vendedor es hablar el lenguaje de sus clientes. Por ello, para ser coherente con esto, enseño este método mediante una historia, en lugar de mediante un manual de instrucciones. Como la fuente de información más provechosa para los vendedores procede de su diálogo con el cliente, mientras se desarrolla la historia aprenderás los principios de *La clave de la venta* a través de los diálogos, que es el lenguaje de la venta. Con ello aprenderás un nuevo método para vender en el único momento y lugar que importa: en el instante de la comunicación entre un vendedor y un cliente.

No necesitas ser vendedor para interesarte por este libro, porque cualquier persona que quiera influir con más eficacia en la toma de decisiones de los demás lo encontrará útil de forma inmediata. Pues no trata nada más de ventas, sino también de una habilidad básica en la vida que ayuda no solo a entender cómo funciona el mundo, sino a encontrar en él un camino enriquecedor.

1

Nadie te paga por vender

La clave de la venta

> **LEY #1**
>
> LOS VENDEDORES TENDRÁN MÁS ÉXITO CUANDO ENTIENDAN QUE LA CLAVE DE LA VENTA NO ES LA VENTA. LA CLAVE DE LA VENTA ES LA COMPRA.

Martin Samuels salió de su apartamento para empezar otra semana como director financiero de Essentials, Inc. Tras su divorcio, Essentials se había convertido en algo más que su trabajo, era su oasis, el único lugar donde podía encontrar orden y prever las cosas, prácticamente lo opuesto a lo que era su casa en esos días. Desde luego en su casa no esperaba ni encontrar orden ni predecir nada mientras trataba de desempeñar lo mejor posible la paternidad compartida de su hija Fiona, una adolescente de quince años.

Martin notó una estimulante brisa fría. El otoño estaba llegando y, de repente, se dio cuenta de que había estado tan preocupado por Essentials que casi no se había percatado de que el verano prácticamente se había terminado y con él finalizaba la temporada de liga femenina de sóftbol. Tal vez era el último año que tendría que entrenar al equipo de su hija.

Martin condujo su Lexus hacia su plaza de *parking* en Essentials, cogió el ordenador y entró saludando a todos por su nombre mientras se dirigía a su despacho. El primer mensaje de su bandeja de entrada era de Joan, la presidenta ejecutiva. Le pedía una reunión esa misma mañana para comenzar con el proyecto de informar a los inversores.

¡Maldita sea! El Consejo de Administración había dado luz verde a la venta de algunas acciones a inversores externos. Eso significaba que, a pesar de las proyecciones de Martin, el Consejo creía que Essentials, una excelente mayorista de suministros médicos de tamaño medio, no estaba adecuadamente capitalizada para continuar siendo competitiva.

Curiosamente, podía culparse a los medios de comunicación de poner presión en una compañía como Essentials. Porque el temor a que una disminución de la calidad del servicio fuera aireada inmediatamente en Internet significaba que no podía hacerse nada que tuviera el riesgo de desencadenar un aumento de las quejas. Joan y el Consejo tenían una postura defensiva.

La decisión del Consejo de seguir adelante con el proyecto de inversores externos no fue una gran sorpresa. A pesar de que sabía que era una buena decisión de negocio, conservadora bajo aquellas circunstancias, Martin confiaba en que Essentials siguiera siendo su oasis. Pero hoy también temía que pudiera ser el principio de un cambio.

Martin entró en el despacho de Joan tocando levemente la puerta. No había necesidad de formalidades, habían pasado por muchas cosas juntos en Essentials. Cada uno tenía bastante claro lo que el otro hacía prácticamente en cualquier momento. Tomó asiento en su silla habitual y esperó a que Joan terminase lo que estaba haciendo.

Ella parecía de esas personas a las que les gusta destacar. Era una pelirroja alta, entrada en los cuarenta, que solía vestir trajes de colores intensos y proyectaba una imagen de líder segura de sí misma. Con frecuencia, Martin había sido testigo de lo fácil que a ella le resultaba hacer que los recién llegados a la empresa se sintieran cómodos en su presencia debido a su personalidad jovial y a la vez afable. Sin embargo, Martin también conocía a la otra Joan —la enfocada en la empresa y en los beneficios— y sabía que podía cambiar de una a otra con sorprendente rapidez.

Joan no perdió el tiempo en saludos.

—Seguimos adelante con los inversores externos, así que necesito que empieces a preparar los informes, y tienen que ser buenos. Estoy especialmente preocupada con el informe del Departamento de Ventas porque los beneficios están por los suelos a pesar de que las ventas han sido fuertes. Dichoso precio del gasóil, ¡pensábamos que seguiría barato por siempre!

—¿Para cuándo? —Martin tomaba notas.

—Tengo una reunión con el Consejo esta noche. Obviamente, tendremos que restringir los viajes de los vendedores únicamente a las áreas metropolitanas. Es demasiado costoso que continúen visitando el extrarradio o que se desplacen más lejos. Creo que debemos asumir que visitar a esos clientes implica viajes a grandes distancias que no podemos permitirnos. Y, por favor, revisa los gastos del Departamento de Ventas hoy. Dime si encuentras algo más que podamos recortar. Me gustaría llevar al Consejo todo lo que sea posible para que empecemos con buen pie. ¿Puedes utilizar tu magia y preparar un balance que tenga un aspecto decente para ventas?

—No hay problema —respondió Martin rápidamente—. Te llamaré a las cuatro.

El comentario de Joan de que utilizara «su magia» tocó el ego de Martin. El único problema era que como había mordido su anzuelo ahora tendría que hacer ajustes sobre la marcha en el Departamento de Ventas.

Recortar en viajes era pan comido, si no fuera porque había menos competencia en las áreas de baja densidad debido a que los vendedores de la competencia no visitaban tanto esas zonas. Pero existía también una oportunidad de cambio estructural, ya que Essentials poseía un esquema organizativo bastante arcaico que hacía que distintos vendedores cubrieran el mismo territorio con diferentes productos de varios proveedores. Tal vez había llegado el momento de asignar los vendedores por área, en lugar de por línea de producto.

En los últimos años, Martin no había prestado excesiva atención a Ventas porque confiaba en Ben, el director del departamento. Ben parecía tenerlo bien organizado, pero ahora Martin estaba empezando a sentir una cierta inquietud y temía que su idea de «dejar hacer» a Ventas se hubiera vuelto en su contra.

Tan pronto como llegó a su despacho, sacó la lista de gastos del Departamento de Ventas. No tardó mucho en ver una cifra significativa en el puesto del formador de ventas, un tipo llamado Rick. Empezó a examinar los informes pasados. ¡Madre mía! El tío había estado formando en la empresa durante catorce años, y él se enteraba ahora. Un gran «¡ajá!» pasó por su mente. Rick podía ser la fruta más asequible del árbol: la oportunidad para hacer el recorte que estaba buscando.

Instantáneamente, Martin cogió el teléfono para dejar a Joan un mensaje de voz.

—Joan, he encontrado los primeros ahorros. Ventas tiene un formador en nómina que probablemente no necesitamos.

El departamento es demasiado pequeño como para soportar uno, especialmente con su nivel salarial. Investigaré un poco más, pero considera este mensaje como tu respuesta. Y la tienes cinco horas antes de lo prometido.

Martin sabía que el proceso para despedir a un veterano que llevaba catorce años tenía que ser gestionado con delicadeza. Tendría que poner a Ben de su parte. Así que descolgó el teléfono y le pidió al Director de Ventas que concertase una reunión con Rick, sin adelantarle cuál era su propósito.

Ben, por alguna extraña razón, parecía sorprendentemente impaciente de hacer que Martin y Rick se conocieran. De manera que se fijó la reunión para la mañana siguiente.

Rick llegó puntual al despacho del Director Financiero. Rick era de esas personas que no destacarían en una multitud superior a dos personas. Estaba comenzando la cincuentena, era bajito, delgado, con un mechón poco poblado de pelo gris peinado sobre su calva sin mucho éxito.

Martin empezó la reunión explicándole que Essentials estaba iniciando un proceso de búsqueda de financiación externa. Entre sus responsabilidades estaba la revisión de las proyecciones financieras de cada departamento, para lo que requería la participación de Rick.

—Me han descrito tu estilo de formación como algo poco convencional. ¿Qué significa eso? —continuó Martin.

Rick mordió el anzuelo, le encantaba hablar de su filosofía formativa.

—Las dos personas que más me han influido en la manera de formar a los vendedores fueron mi padre y mi sobrino autista, Jace. Tengo que agradecerle a Jace que me diera la clave sobre la cual he basado toda mi formación. Y es esta: la primera ley de la venta, la clave de la venta, no es la venta, es la compra.

Rick realizó una pausa para permitir que la brillantez de su perspicacia pudiera calar hondo. Pero como hábil observador que era, vio que no había calado. No obstante, esperó para forzar a Martin a hablar primero.

—¡Ah! Eso suena interesante, pero ¿qué significa? Y ¿cómo aprendiste eso de un sobrino autista?

Rick sonrió con aprobación ante la pregunta tan apropiada de Martin.

—Es sorprendente, ¿verdad? Verás, cuando Jace era un adolescente, noté que hacía algunas observaciones muy precisas y bastante inusuales a las que yo prestaba mucha atención siempre que tenía la oportunidad de verle. Y aunque yo solía pensar que tenían mucha perspicacia, me sorprendía ver cuánta gente a su alrededor le ignoraba.

»Por ejemplo, un día, Jace estaba llenando un vaso de agua para beber y le dije: "Jace, ¿qué haces?" Y él me contestó: "Estoy observando la distancia entre el nivel del agua y el borde del vaso".

»Y yo pensé, ¡caray!, Jace está describiendo lo que todos hacemos cuando llenamos un vaso de agua, pero la mayoría no tenemos la consciencia suficiente para darnos cuenta de lo que está sucediendo de hecho. En otra ocasión, mi hermana, la madre de Jace, le preguntó: "¿Cómo es que estás ahí sentado sin hacer nada?" Y Jace contestó: "No es que no esté haciendo nada. Mi corazón está latiendo, estoy respirando, estoy haciendo la digestión, estoy...". Y hubiera continuado recitando la lista de sus procesos metabólicos si ella no lo hubiese detenido.

»Esa forma de ver el mundo era contagiosa. Ese mismo día me puse a mirar a un colibrí dilucidando sobre cuánta actividad era necesaria en el colibrí para parecer que estaba quieto. Y me di cuenta de que estaba empezando a pensar como Jace.

Martin no estaba tan introspectivo y las divagaciones de Rick empezaban a cansarle.

—Es bonito que valores las observaciones de tu sobrino autista pero, por favor, ¿puedes decirme qué demonios tiene que ver eso con la formación en ventas?

Rick continuaba imperturbable.

—Muy bien, escucha esto. Una vez durante una visita, Jace me preguntó en qué trabajaba. Le contesté que era vendedor y le describí lo que hacen los vendedores con el nivel de detalle que él aprecia. Cuando acabé, me dijo: «Entonces, no entiendo por qué al trabajo que haces se le llama venta cuando tu dinero lo obtienes de la compra del cliente. ¿Por qué te preocupas de la venta si te pagan por la compra?»

A Martin no le entusiasmaba la idea.

—A mí me parece lo mismo.

—Yo opinaba igual que tú al principio —contestó Rick—. Sin embargo, al día siguiente, la sabiduría de la observación de Jace se hizo evidente. Estaba acompañando a una cita a una vendedora nueva, Doreen. Los dos nos habíamos pasado la mañana ensayando argumentos de ventas. Nos sentíamos totalmente preparados para cualquier cosa que el cliente pudiera decir. Irónicamente, lo primero que nos dijo el cliente fue lo único para lo que no estábamos preparados: «He pensado en vuestro producto y he decidido comprarlo. ¿A quién tengo que extender el cheque?» Doreen pareció sorprendida y empezó a revisar los argumentos de venta que acabábamos de ensayar. Recordando las sabias palabras de Jace, le interrumpí rápidamente diciéndole al cliente: «Muchas gracias. Puede emitir el cheque a nombre de Essentials, Inc.» Y un instante después, concluimos la reunión.

»La primera vez que formulé la primera ley de la venta («la clave de la venta no es la venta, es la compra») fue a

Doreen de regreso a la oficina. El aprendizaje de Jace me dio la perspectiva para poder proporcionar a los vendedores una meta simple y clara. Le expliqué a Doreen que la finalidad de la venta era la compra, por tanto si el cliente ya había comprado, venderle hubiera sido irrelevante —continuó Rick—. Cuando entendí con más claridad el comentario de Jace todo encajó en su sitio. Empecé a recordar situaciones en las que había visto que la venta interfería con la compra. Hace poco viví una situación en la que un cliente estaba a punto de comprar, pero cambió de idea porque el vendedor continuó hablando. Pensé en cómo los vendedores pueden hacer que los productos parezcan complicados, lo que lleva a que los clientes estén demasiado confundidos como para decidirse a comprar. Me acordé de clientes que perdieron su interés porque el vendedor sobrepasó el umbral de atención del cliente. El aprendizaje de Jace me proporcionó una comprensión totalmente nueva sobre cómo contemplar la profesión de la venta.

—Es una teoría interesante —dijo Martin—. Pero eso ¿qué cambia en el mundo real?

Rick respondió rápidamente:

—Ahí es donde entra mi padre. Mi padre es agricultor y me explicó que las personas y las plantas comparten cualidades comunes porque ambos vienen de la naturaleza. Él diría que los agricultores no necesitan saber de fotosíntesis para recoger una buena cosecha; lo que necesitan es apoyar el proceso con agua, abono y sol. La madre naturaleza hace el resto.

»Ahora, gracias a Jace, podía ver lo que mi padre quería decir —continuó el formador—. Los vendedores no necesitan descubrir y controlar las decisiones de compra de sus clientes. Es mejor que simplemente proporcionen el apoyo que necesita la toma de decisiones de sus clientes. A la gente le encanta comprar, no le gusta que le vendan. Esto es debido a que comprar y tomar decisiones —como una planta bien nutrida— es algo natural. Yo entreno a los vendedores para que cultiven las ventas de la misma manera que los agricultores cultivan sus cosechas.

Martin ponderó eso por un momento.

—¡Cosechas! Esto es otra cosa nueva. ¿Cómo se traduce eso en la realidad de Essentials?

—Echa un vistazo a este informe que ha llegado esta mañana —le pidió Rick.

Martin abrió la carpeta y leyó en voz alta:

—«Ravi tomó su decisión de comprar nuestras suturas una vez que le conciencié de que las suturas de baja calidad podían disolverse prematuramente.»

—Aquí hay otro —prosiguió Rick pasándole otro informe—: «Observé que una compradora, Graciela, parecía incómoda al preguntarme sobre las nuevas jeringuillas que le estaba presentando. También me fijé que su jefe se encontraba en el despacho de al lado y podía escuchar todo lo que hablábamos. Y me pareció que se sentía cohibida al hacerme preguntas con él tan cerca. Era como si no quisiera que su jefe supiese de qué partes de mi presentación no había entendido, así que le ofrecí continuar fuera de allí. En cuanto salimos Graciela se mostró como una persona totalmente diferente. Se mostraba implicada y continuó haciéndome preguntas hasta que estuvo convencida de saber lo suficiente sobre jeringuillas. Después hizo un pedido interesante. Si alguien tiene que presentar un nuevo producto a Graciela, recomiendo que lo haga fuera de la oficina».

Rick le entregó un nuevo dosier.

—Así era un informe típico antes de que nuestra gente empezase a entenderlo.

—«Le presenté nuestra nueva línea de estetoscopios a Anup y le dejé unas muestras» —leyó Martin.

—Fíjate en la diferencia —remarcó Rick—. La información en esos dosieres resulta más valiosa cuando los vendedores se centran en lo que hace el cliente, en lugar de en lo que hace el vendedor.

Rick aún tenía más que decir.

—De pronto también nos estamos beneficiando de la calificación que aparece en el blog del nuevo distribuidor. La queja número uno sobre los vendedores es que presionan demasiado. Y ahora está empezando a difundirse a través del blog lo fácil que resulta trabajar con los vendedores de Essentials.

Rick notó que a Martin se le estaban poniendo los ojos vidriosos de cansancio, así que tomó la iniciativa de dar por finalizada la reunión.

—Mira, veo que tienes demasiadas cosas encima. Aquí tienes una tarjeta con mis tres primeras leyes escritas. La hice para compartirlas con el personal de ventas

Rick le entregó a Martin una tarjeta de 3 x 5 cms. La primera reacción de este fue retroceder ligeramente. Entonces Rick retiró la tarjeta como si Martin fuera un pez que todavía no había mordido el anzuelo.

—No tienes por qué cogerla.

—No, está bien. A veces, lo entiendo mejor cuando alguien me lo explica —Martin sonrió.

Rick le entregó la tarjeta de nuevo, giró sobre sus talones y dejó al Director Financiero examinando la tarjeta.

Martin leyó la tarjeta en voz alta:

LEY #1

LA CLAVE DE LA VENTA ES LA COMPRA.

LEY #2

EL TRABAJO DEL VENDEDOR ES AYUDAR AL CLIENTE A TOMAR MEJORES DECISIONES DE COMPRA.

LEY #3

LA TOMA DE DECISIONES ES UN PROCESO INTERNO DEL CLIENTE.

Era demasiado como para que Martin pensara en ello solo. «Creo que necesitaré que el mismo Rick me explique cómo se traducen estas leyes en ventas.»

2

Cómo encontrar a los mejores clientes del mundo

La formación en ventas tradicional no ha captado la idea

Martin se enfrentaba a una situación difícil. Se había comprometido a recortar el salario de Rick para mejorar el balance del Departamento de Ventas, pero todavía no había encontrado una justificación para dejar marchar a un popular y veterano vendedor que llevaba catorce años en la compañía. Aunque a lo que realmente le daba vueltas era al hecho de que no podía entender cómo Rick formaba a los vendedores sin decirles lo que tenían que hacer.

Si Martin deseaba conservar a Rick, tendría que ocuparse de la desalentadora tarea de justificarle ante el Consejo. Por el contrario, para echarle necesitaría ser capaz de infravalorarle ante los ojos de los demás.

Comprobó su buzón de entrada por si tenía mensajes de Joan; deseaba disponer de más tiempo. ¡Bien! Todavía no había noticias de ella. Lo siguiente sería una reunión con Ben, el jefe de Rick. Para Martin esto iba ser complicado porque no deseaba que el Director de Ventas conociera sus planes.

Llegó temprano a la oficina de Ben. Este ya estaba allí, hecho un torbellino de energía, mientras clasificaba sobre su escritorio un montón de papeles que sostenía en un brazo. Además del pelo plateado de Ben, el hombre era todo un reclamo para la idea de que los sesentones eran los nuevos cuarentones. Tan pronto como Ben le vio, le saludó con un apretón de ambas manos, en lugar del abrazo de oso que probablemente él hubiera preferido darle. Pero Essentials no tenía una cultura tan emotiva.

Martin empezó preguntándole si era consciente de la próxima oferta de acciones de Essentials a inversores externos. Ben la conocía.

—Realmente, estoy contento de que el Consejo haya decidido buscar más capital en lugar de reducir costes. La reducción de costes hubiera dañado nuestra trayectoria de excelente servicio y ese no es el camino por el que queremos descender.

Martin ignoró el comentario y continuó hablando.

—Mi primera tarea es realizar informes financieros de cada departamento para que los inversores los revisen. Estoy empezando con Ventas y quiero ser capaz de demostrar que estamos en los mismos niveles o, incluso superiores, que los del sector. El objetivo para este departamento es continuar haciendo crecer las ventas y, al mismo tiempo, machacar para bajar, bajar y bajar costes. Ya ha pasado bastante tiempo desde que tú y yo hicimos números.

—Sí, ha pasado mucho tiempo — respondió Ben.

—Eso es porque tu departamento se ha comportado de una forma tan consistentemente buena en estos últimos años que os he dejado tranquilos. Pero ahora, la brusca subida del precio del carburante ha cambiado las cartas de juego. Creo que está fuera de discusión que hay que reducir los viajes de los vendedores.

—Ah... —La contundencia de aquella afirmación había tomado a Ben por sorpresa.

—Lo siento, pero únicamente podemos permitirnos que visiten a los clientes que están ubicados en las áreas metropolitanas más pobladas. En el extrarradio y más allá, sencillamente no podrá ser.

—Mmm... ¿Cuándo va a ser todo esto? —Ben empezaba a asimilar el impacto del nuevo plan en todo lo que estaba haciendo.

—No quiero provocar un sufrimiento lento. Considero que deberíamos presentar un programa completo que incluyese todo lo que decidamos, hacerlo enseguida y bien — le respondió Martin.

—Supongo que si tenemos que...

—Pero antes de examinar tu departamento con detalle, pensaba preguntarte si se te ocurren otros cambios que pudieran mejorar el rendimiento y sacar de aquí algunos gastos que sean un blanco fácil —Martin seguía a lo suyo.

—Vaya, Martin, yo creo que soy de los que mantienen las cosas tan ajustadas como es posible. ¿Puedo disponer de un tiempo para pensar sobre ello y hacerte una lista? —Ben se mostraba prudente.

—¿Un tiempo? De acuerdo, tómate un tiempo. Analízalo bien. ¿Puedes decirme algo mañana? —La ceja izquierda de Martin formó un arco repentino.

—Me pongo con ello —respondió Ben.

—Y cuando estés en ello, incluye algo sobre Rick —Martin movió ficha.

—¿Rick?

—Tu formador.

—Eso es una buena idea —Ben pensó en el formador y se sintió feliz—. Meter a Rick en esto sin duda realzará nuestra imagen ante los inversores.

No era eso lo que Martin quería oír. Y cambió de conversación para espolear a Ben con una pregunta aparentemente inocua:

—¿No te preocupa que nuestros inversores no aprecien a Rick del todo? Será como un bicho raro para quien no entienda bien lo que está haciendo.

—Bueno, supongo que tú puedes verlo de ese modo —dijo Ben pensativo.

—¿Has reunido los datos que demuestren el ROI de Rick? Eso es lo que a todo el mundo le interesará saber —Martin había movido otra ficha.

—Por supuesto que tengo el histórico de comparativas de ventas. —Ben no era muy aficionado a reducir las cosas a meros números en un balance—. Lo que resulta realmente difícil de medir son todas las cosas que podrían haber sucedido si no hubiésemos construido esas magníficas relaciones con los clientes que nos han permitido sortear las retiradas de productos, los recortes presupuestarios de los clientes y la escasez de gasóil. —Estaba moderándose para no exagerar—. Pero te conseguiré lo que necesitas.

Entonces a Ben se le ocurrió una brillante idea.

—Martin, ¿tienes unos minutos más?

Martin asintió, así que Ben lo tomó por el brazo y lo condujo por el largo vestíbulo hacia la sala donde trabajaban los vendedores. La mayoría estaba fuera visitando clientes, pero unos cuantos se encontraban en sus mesas gestionando el papeleo y haciendo llamadas de seguimiento.

Ben condujo a Martin a un cubículo ocupado por una vendedora de ojos brillantes, Allison, que en ese preciso momento estaba concluyendo una llamada.

—Te conseguiré esos artículos de investigación dentro de una hora —dijo, y a continuación colgó el teléfono.

Ben hizo las presentaciones y se dirigió a ella.

—Allison, llevas aquí solo unos pocos meses, así que probablemente puedes recordar qué es lo que pensabas sobre las ventas antes de conocer a Rick.

—Era un mundo diferente, sin duda. —Allison alzó los ojos al recordar.

—Antes de Essentials, ¿cuál pensabas que era tu trabajo? —le preguntó Ben.

—Controlar. —Allison había pensado solo una fracción de segundo—. Nos entrenaban de un millón de formas distintas para controlar cualquier conversación de ventas, desde el principio hasta el final. Nos enseñaban a lograr que el cliente dijera «sí» a un montón de pequeñas cosas, tales como «¡qué tiempo tan estupendo!, ¿verdad?». Y posteriormente escalábamos esos síes.

—¿Y funcionaba bien? —quiso saber Martin.

—A veces bien, a veces no tanto —respondió frunciendo el ceño de una manera graciosa—. Pero siempre era una lucha de poder. Y la realidad es que apenas podíamos empezar a controlar la conversación más importante: que tiene lugar en la cabeza del comprador. Si el comprador empezaba a pensar, teníamos problemas.

—Dime cómo ha logrado Rick que tú tengas más influencia en el pensamiento de tus clientes —inquirió Martin desconcertado.

Allison veía que Martin no tenía ni idea del modo de trabajar de Rick.

—Bueno, tratar de controlar el pensamiento de los clientes es una intención oculta adicional de la formación tradicional en ventas que no capta el objetivo real. Al final, no importa si el resultado de la venta proviene de la influencia del vendedor o de si los clientes deciden comprar por sí mismos. A fin de cuentas, una venta es una venta. —Allison continuó—. Mira, solía quedarme atrapada en todas las intenciones ocultas que la formación en ventas tradicional confunde por objetivos. Incluso podía llegar a creer que había realizado un magnífico trabajo aunque mi cliente no hubiese comprado. Contemplaba a mis colegas ejercitando sus argumentos, decididos a decirlo todo aunque el cliente intentara sin éxito meter baza.

—No quiero hacer de abogado del diablo —Martin se mostraba escéptico—, pero sé cómo piensan los vendedores. Se sienten satisfechos cuando su influencia conduce a una venta. No sería tan gratificante si el vendedor se quedase esperando hasta que los clientes decidieran comprar por sí mismos.

De pronto, alguien asomó la cabeza desde el cubículo de al lado.

—Hola, soy Shahrokh. No puedo evitar meterme en la conversación. Los vendedores que necesitan la gratificación de su ego no la encontrarán en el enfoque de Rick. Los que necesitan que se reconozcan sus méritos por el resultado están perdidos.

—¿Cuál es tu recompensa entonces? —le preguntó Martin.

—El cheque de mi comisión —Shahrokh no había necesitado pensar demasiado.

—Cuando yo me atribuía el mérito de conseguir una venta —convino Allison—, estaba tendiéndome la trampa de culparme por las ventas perdidas. Y en cuanto tenía unos cuantos fallos y rechazos seguidos, empezaba a creer que yo era un desastre y que quizá no servía para las ventas. Si uno se siente como un perdedor, eso se refleja en cada visita. Tus clientes pueden leer cómo te sientes contigo mismo y antes de que te des cuenta, has creado un círculo vicioso.

—Esa espiral puede ser muy contagiosa —añadió Ben motivado por aquel comentario—. Cuando estaba en otra empresa antes de entrar en Essentials, si las cosas se ponían mal me veía obligado a traer conferenciantes motivacionales carísimos, consultores y planificadores de eventos de fin de semana, y todo ello para romper ese ciclo. Los conferenciantes motivacionales se aseguran su propio trabajo. Persuaden a los vendedores para que crean que son estupendos y que pueden hacer que los clientes compren, pero si alguno no compra, los vendedores dejan de creer que son tan estupendos. Y de nuevo se necesita traer a un conferenciante motivacional. Y aquí va una cifra para ti, Martin: son decenas de miles de euros los que se gastan en arreglar una fuerza de ventas rota.

—Mira, describir el enfoque de Rick a los inversores va a sonar como si formásemos a los vendedores para no intentar vender —dijo Martin, que en lugar de sentirse reconfortado, estaba empezando realmente a preocuparse.

—Ahora que lo dices, intentar es otra intención oculta —respondió Ben.

—¿Por qué no me sorprende que digas eso? —reaccionó Martin con sarcasmo.

—Lo digo en serio —insistió Ben—. Dime, ¿prefieres tener a un vendedor que vuelva sin una venta pero que honestamente te diga que lo ha intentado, o que aparezca con la venta y te diga que ni siquiera tuvo que intentarlo? Si los vendedores y los directores de ventas son fieles al objetivo de que se compre, entonces medir con qué intensidad lo intenta el vendedor no viene al caso.

—De verdad —añadió Allison—. Si yo veo que un vendedor se esfuerza en venderme algo, lo primero que me pregunto es por qué se está esforzando tanto. Y pienso: ¿si este producto es realmente tan bueno para mí, por qué no se relaja y me permite llegar a esa conclusión por mí misma? Si siento que el vendedor está relajado, eso me indica que probablemente se trata de un gran producto.

—Shahrokh, ¿tienes a mano un resumen de ventas? —preguntó Ben volviéndose hacia Shahrokh.

Shahrokh lo tenía y Ben le pidió que lo leyera.

—Este es sobre un cliente mío de un gran grupo médico —explicó Shahrokh—. Escribí: «El comprador ha sido recientemente transferido a un servicio de atención médica mucho mayor, así que aún tiene problemas para acometer la compra de una variedad tan amplia de suministros. Investigué entre algunos competidores suyos de tamaño similar y eso me permitió darle a mi nuevo comprador algunos ejemplos anónimos de cómo otros organizan sus compras (cuántos vendedores necesitaban para gestionarlo cómodamente, cómo hacían la repetición de los pedidos de la manera más rutinaria posible, cómo sabían que estaban consiguiendo todo el tiempo los mejores precios…).

»Yo, básicamente, le mostré diversas opciones y él eligió de cada una lo que más le gustó. Una vez que se montó un sistema organizado, para mí fue mucho más fácil sugerirle cómo encajaba Essentials en su programa.» —Shahrokh levantó la vista de sus notas, y dijo—: Como era de esperar, en un mes más o menos él se convirtió en una de mis cuentas más fáciles y mejores. Gracias a mi contribución, ahora él toma cada día decisiones de compra de alta calidad.

LEY #4
EL PROCESO DE DECISIÓN DEL CLIENTE ES MÁS IMPORTANTE QUE LA ACTUACIÓN DEL VENDEDOR EN EL PROCESO DE VENTA.

Llegados a este punto, Martin ya había escuchado suficiente. Podía ver que la postura de Ben de que Rick se quedara en Essentials era inamovible.

—Bueno, Ben —concluyó cortésmente—, esta reunión ha sido muy esclarecedora. Estoy conociendo más de Rick en esta semana que en todos los años que he estado aquí. Pensaré sobre nuestra conversación y te haré saber si necesito alguna información adicional. Mientras tanto, sería fantástico que me prepararas esa lista de cambios sugeridos para mejorar la hoja de balance de tu departamento.

Martin dio las gracias a todos y se dirigió hacia al vestíbulo, mientras iba murmurando: «¿Cómo diablos despides a Yoda?»

3

No se trata de la férula

Clarificar el éxito en la venta

La conversación con Ben mostró a Martin lo mucho que Rick había cautivado a todos los del Departamento de Ventas, pero se arrepentía de haber permitido que ese departamento funcionase a su aire sin hacer ningún tipo de auditoría. Era evidente que Rick formaba parte totalmente de las estructuras de ese departamento. Y él se preguntaba cómo podía haber sucedido eso sin que él se hubiese percatado.

Martin decidió que su próximo paso sería descubrir qué estaba haciendo Rick en esos momentos. Encontró el plan de formación de Rick. «¡Ajá!», se dijo Martin. Rick había trabajado el día anterior con una nueva vendedora, Sally. Martin telefoneó a Ben, confiando en poder ver a Sally inmediatamente, mientras esta todavía tuviera fresco el recuerdo de la formación impartida por Rick.

Por su parte, Ben pensó que Sally sería una buena candidata para que Martin conociese más sobre el método innovador de Rick, dado que ella no tenía ideas preconcebidas sobre él. Pero Ben era reacio a pedirles a sus vendedores que comentasen lo que habían hecho en sus visitas. Hace un par de días, Sally no se había mostrado muy entusiasmada cuando le comentó que el formador de ventas de la empresa la acompañaría.

—¿Para qué? —le preguntó Sally—. Me está yendo bien. Es mi primer mes aquí y ya me has dicho que he tenido el mejor comienzo de todos los de este departamento.

—Sí, Sally, has tenido un inicio genial —replicó Ben, con su relajado y comprensivo estilo—, pero quiero que todos los nuevos vendedores se entrenen con mi formador Rick. No importa lo experimentados que sean o lo bien que lo estén haciendo. Por favor, dale una oportunidad, no es el clásico formador de ventas.

Sally se tragó su orgullo para mostrarse como una jugadora de equipo. Había sido vendedora toda su vida. El producto que estaba vendiendo para Essentials era Bactogone, una combinación de férula con esparadrapo que se utilizaba en hospitales y centros sanitarios. Estas férulas eran cómodas y resistentes a las bacterias, pero más caras que los productos de la competencia. La teoría decía que ese gasto extra resultaba fácilmente amortizable porque el producto prevendría infecciones más costosas. Sin embargo, para mantener las férulas estériles se precisaba un esparadrapo esterilizado especial, que era más caro que los habituales. El fabricante, un proveedor de Essentials, apenas ganaba dinero con las férulas y su beneficio provenía de los posteriores pedidos de esparadrapo esterilizado. Sally tampoco obtenía mucha comisión por la férula, aunque las de las ventas de esparadrapo se irían acumulando fácilmente si los clientes continuaban haciendo pedidos.

Al día siguiente, Rick llamó a la puerta de la oficina de Sally para anunciarle que había llegado para empezar su formación. Cuando entró, se encontró cara a cara con una imponente figura. Sally medía casi dos metros, tenía el pelo rubio y tenía escasos treinta años. Se alzó por encima de la altura de Rick proyectando un aura de autoconfianza asertiva. Él notaba que no le entusiasmaba ante la perspectiva de que la formara, pero no se sentía molesto por ello. Estaba acostumbrado a eso.

Sally se llevó a Rick a lo que pensó que sería una visita sencilla, un hospital cercano a su casa que acababa de contratar a una nueva compradora, Meg. Sally se enorgullecía de su «anzuelo de chica nueva», lo que significaba venderle a la nueva compradora convenciéndole de que su predecesor estaba a punto de realizarle un pedido antes de irse, pero no le había dado tiempo. Ella sentía que este escenario le proporcionaba una oportunidad óptima para cerrar una venta ante Rick, y de paso asegurarse un buen informe para Ben. Con eso se quitaría a Rick de encima.

Mientras los dos se dirigían en coche hacia la entrevista, Rick le preguntó por su experiencia previa en ventas. Sally le describió su carrera como vendedora y le confesó lo mucho que amaba su profesión, incluso que provenía de una familia de vendedores. Y que cuando era niña, siempre ganaba los primeros premios en las colectas de papel de regalo para los presentes navideños de los necesitados. Además, le contó que todavía le gustaba aprender técnicas de venta nuevas y que era una voraz consumidora de libros sobre el tema.

Rick y Sally llegaron al hospital. Sin perder tiempo, esta se dirigió directamente al Departamento de Compras y se presentó a Meg. Esta era mucho más joven que su predecesor y parecía nerviosa por sus nuevas responsabilidades.

Primero, Sally le explicó cómo funcionaba la férula junto con el esparadrapo esterilizado. Luego, le dijo a Meg que el comprador anterior estaba a punto de introducir el nuevo sistema, pero que no tuvo tiempo de hacerlo antes de su marcha. Rick notó que Meg parecía un tanto distraída mientras Sally iba hablando. Si Sally lo notó, decidió ignorarlo, dado que continuó adelante con su discurso. Meg comprobó el inventario de férulas y esparadrapos existentes y le dijo a Sally que en ese momento el hospital tenía suficientes esparadrapos, pero Sally había decidido que no iba a irse sin un pedido. Así que apremió a Meg a que comprase algo de esparadrapo ese mismo día, diciéndole que este iba a estar a la venta solo durante un corto periodo de tiempo, y que eso era lo que su predecesor hacía siempre. Meg básicamente estaba abrumada por el estilo resuelto de Sally. Para Rick resultaba evidente que la compradora haría cualquier cosa por terminar la reunión. Meg finalmente cedió ante Sally y acordó concretar un pedido de algunos esparadrapos Bactogone.

Victoriosa, Sally volvía pavoneándose hacia el coche de Rick.

—He conseguido ganarme su confianza desde el primer momento, ¿no te parece? —le comentó de camino a la oficina.

—Ya veo por qué estás vendiendo tanto en tu primer mes —contestó Rick, cauteloso—. Está claro que querías conseguir que Meg te comprara hoy.

—Intento permanecer centrada en mis objetivos —respondió Sally satisfecha de sí misma.

—Ahora que ya hemos salido del hospital —Rick le preguntó—: ¿cuánto de ese esparadrapo crees que utilizará realmente el personal?

—¿Cómo podría saberlo? —Sally se encogió de hombros—. No estoy en contacto con ninguna persona del Departamento de Enfermería.

—Está muy bien que Meg tenga en existencia bastante esparadrapo esterilizado para el hospital —le dijo Rick, invitándola a considerar una perspectiva más general del asunto—, pero está claro que no obtendrás tus grandes comisiones hasta que las enfermeras saquen esos esparadrapos de las estanterías y los utilicen.

—Sí, eso es totalmente cierto —replicó Sally—, pero no puedo estar allí cuando las enfermeras estén decidiendo qué esparadrapo utilizar.

—¡Eso es! —exclamó Rick—. La verdadera prueba de una venta viene determinada por lo que sucede una vez que el vendedor se ha marchado.

LEY #5

LA VERDADERA PRUEBA DE LA INFLUENCIA DE UN VENDEDOR VIENE DETERMINADA POR LAS ACCIONES DEL CLIENTE UNA VEZ EL VENDEDOR SE HA MARCHADO.

—Bueno, seguramente —acordó Sally a regañadientes—. Pero mi compradora no tiene una influencia real sobre el uso del producto. Dudo que Meg hable alguna vez con los usuarios finales, las enfermeras.

— ¡Precisamente! —Rick sonrió—. Por eso este principio es tan importante y requiere que el vendedor preste atención a sus implicaciones. Gran parte del éxito del vendedor depende de la toma de decisiones del cliente en ausencia del vendedor. Casi todas las empresas que venden productos o servicios confían en que sus clientes actúen de manera independiente una vez realizada la venta. Su actuación puede ser mediante la reutilización, volver a realizar un pedido, recomendar ese producto o servicio a otros o permanecer fiel cuando son abordados por la competencia. La decisión del cliente de volver a utilizar un producto tiene lugar de una manera interna, sin que el vendedor esté a su alrededor recordándoselo. En el caso de Meg, esto implica que ella haga un seguimiento de la utilización de nuestras férulas y esparadrapos después de su compra.

—De acuerdo, lo entiendo —replicó la vendedora—. Todavía no debería felicitarme a mí misma. Venderle a Meg el esparadrapo no significa necesariamente que las enfermeras lo vayan a utilizar.

Rick aprovechó la oportunidad para profundizar en la comprensión de Sally.

—Los vendedores de más éxito no triunfan únicamente por conseguir vender. También tienen éxito al hacer que sus clientes interioricen la venta. Una venta interiorizada influirá en las decisiones del cliente sobre el producto mucho tiempo después de que la venta haya finalizado. Cuanto menos se base la decisión en el vendedor, más interiorizada estará.

—Si piensas en ello —puntualizó—, en toda venta existen realmente dos conversaciones que tienen lugar de manera simultánea. Hay una conversación de venta externa entre el vendedor y el cliente, y también hay una conversación de compra interna que tiene lugar en la cabeza del cliente. La comisión del vendedor viene determinada por la conversación de compra interna, puesto que es esta la que determina si el vendedor obtendrá definitivamente la venta. También determinará cómo el cliente utilizará ese producto o servicio después de que la venta haya finalizado y el vendedor se haya marchado.

LEY #6

CUANTA MENOS PERSUASIÓN DEL VENDEDOR HAYA EN UNA DECISIÓN DE COMPRA, MÁS INTERIORIZADA ESTARÁ LA DECISIÓN DEL CLIENTE.

—¿Qué quieres decir exactamente con «interiorizada»? —preguntó Sally.

—Las decisiones interiorizadas son aquellas que los clientes sienten como verdaderamente suyas —respondió Rick—. Hay importantes diferencias entre estas y las decisiones de compra tomadas únicamente por la recomendación de un vendedor. Es algo parecido a la diferencia entre un chico que lleva su chaqueta al colegio porque su madre se lo ha dicho y un chico que la lleva porque no quiere pasar frío. Con decisiones interiorizadas los clientes asumirán toda la responsabilidad y se sentirán dueños del éxito de la decisión. Los vendedores deben tratar de que las decisiones de compra de sus clientes se tomen lo más interiormente posible.

A Sally le vino a la mente la lucha de poder que había mantenido esa misma mañana con su hija de siete años sobre la importancia de lavarse los dientes dos veces al día. Empezaba a sentirse intrigada por el inusual pensamiento de ventas de Rick, que le concedió unos instantes para que asimilara esto antes de seguir.

—Me estoy preguntando algo. ¿Cuánto de satisfecha crees que está Meg con la compra del producto? En una escala del uno al diez, siendo el diez lo máximo, ¿cómo de bien crees que se siente Meg con su decisión de comprar el esparadrapo?

—¿Por qué es eso importante? ¡Conseguí la venta! —respondió Sally sorprendida por la pregunta.

—No estoy diciendo que deberías haber hecho algo de manera diferente. Veamos qué podemos aprender de lo que hemos observado en Meg —continuó Rick.

Sally pensó otra vez en la comunicación entre ambas. No había visto signos de entusiasmo alguno en Meg a lo largo de toda la entrevista y había notado que le resultaba difícil involucrarla en la conversación.

—¿Formuló Meg el tipo de preguntas que tú hubieras hecho de haber estado en su lugar? —le preguntó Rick.

—No, parecía un poco distraída —respondió Sally.

—Yo también pensé lo mismo —convino Rick.

—De acuerdo —dijo Sally—, le daría un tres sobre diez a su sentimiento de satisfacción con la compra del esparadrapo. —Y añadió—: Esto es una suposición, puede que ella simplemente no sea una persona expresiva.

—Yo también le daría un tres —dijo Rick, e hizo una pausa durante un momento—. En igualdad de condiciones, creo que estarás de acuerdo en que para Meg sería preferible sentirse bien con su decisión de comprar nuestro esparadrapo hoy.

—Realmente no veo por qué importa tanto —respondió Sally, que no estaba tan segura—. Conseguí la venta, y eso es lo que cuenta.

—Eso es cierto —continuó Rick amablemente—. También es verdad que Meg es nueva en su trabajo y que todavía está aprendiendo cómo funciona. Como compradora su trabajo consiste en tomar decisiones de compra durante todo el día. El cómo se sienta ella con su nueva posición depende, hasta cierto punto, de cómo sienta que hace su trabajo. Si se siente bien con sus compras, se sentirá bien con su trabajo. Si tú la hubieses ayudado a sentirse bien sobre su competencia como compradora, estoy seguro de que estaría impaciente por encontrarse contigo en el futuro. Y probablemente, tú también te sentirías bien por ello.

—Desde luego, me gustaría que Meg esperase mis visitas. Quiero gustarle. ¿Crees que le he gustado?

—No estoy seguro de que importe tanto como tú podrías pensar —contestó Rick dando un rodeo—. Como a la mayoría de vendedores, probablemente te han enseñado que gustar a los clientes es lo principal para lograr vender. Si el cliente no compra, los vendedores suponen que no han sintonizado suficiente. Pero yo cuestiono esa presunción. Creo que los clientes compran principalmente porque sienten que el producto o servicio será lo mejor para ellos. Su opinión sobre el vendedor juega un papel menor. De hecho, existe una tendencia general en las personas a sentirse excesivamente responsables de las acciones de los demás. Creo que es sencillamente una cuestión de la naturaleza humana. Todos tendemos a sobrevalorar el papel que jugamos en lo que dicen y hacen las personas que nos rodean. —Sally le escuchaba atentamente.

—Esta sobrevaloración de nuestro impacto —continuó Rick— da como resultado una percepción equivocada del impacto que tenemos, o que no conseguimos tener, en los demás. Y, por supuesto, esta percepción distorsionada tiene consecuencias. Por ejemplo, fíjate en lo fácil que es sospechar que las personas de alrededor pueden estar hablando de nosotros. En realidad, su conversación probablemente no tiene nada que ver con nosotros. La consecuencia involuntaria de esta errónea percepción es que podemos empezar a sospechar de ellos y además decidir evitar a esas personas. Nuestra decisión de evitarles, sin embargo, no sería acertada porque estaría basada en una premisa falsa. Creo que esta tendencia humana es la razón por la que los vendedores sobrevaloran su influencia en las decisiones de los clientes.

—Sí, me resulta familiar el comportamiento del que hablas —dijo Sally—. Probablemente es lo que más contribuye a los prejuicios en el mundo. Pero no veo qué relación tiene esto con vender.

—Recuerdo montones de veces en las que he comprado productos a vendedores que no me gustaban especialmente —dijo Rick tratando de explicarse mejor—. En numerosas ocasiones he comprado un producto a un vendedor, aunque a mí me gustara mucho más otro. Compré al que menos me gustaba porque pensé que creí que me ofrecía un producto mejor para mí.

—Sí, cuando lo piensas, eso tiene sentido. —Sally empezaba a comprender—. Una parte de mí siempre sospechó que esa frase de que los vendedores necesitan venderse a sí mismos resultaba exagerada.

—¡Sí! ¡No captan la idea! —exclamó Rick—. Seguir ese concepto equivocado lleva a que los vendedores sobrevaloren el grado en que las decisiones de sus clientes giran en torno a ellos. Una consecuencia involuntaria es la distracción que esta actitud genera en los clientes cuando están tratando de tomar una decisión de compra importante. Un vendedor centrado en sí mismo, que esté tratando de acaparar la atención, sencillamente acaba distrayendo a su cliente de centrarse en el producto y de tomar una buena decisión.

—Vale, eso tiene sentido —le interrumpió Sally—, pero ¿cómo se aplica todo esto a mi entrevista de ventas con Meg? ¿Estás diciendo que yo estaba demasiado centrada en mí misma con Meg?

—No —respondió Rick—. Fuiste muy paciente y empática con Meg, considerando que ella se está aclimatando a su nuevo trabajo en compras. Sin embargo, ambos nos dimos cuenta de que parecía algo distraída mientras le estabas hablando. Puede que ella basase más su pedido en tu recomendación que en su propio conocimiento sobre los beneficios de nuestro esparadrapo. Si piensas en ello —continuó—, los vendedores no deberían tratar de que la compra de un cliente se base principalmente en ellos, incluso aunque fuera así. En general, yo preferiría que mis clientes comprasen por sus propias razones, en lugar de que esas razones se basen en mí.

—Tiene sentido —Sally entendió ese argumento también.

—La relación que mis clientes desarrollan hacia el producto —siguió argumentando Rick— es mucho más importante que la que tienen conmigo. Su vinculación con el producto determinará el éxito de mis ventas a largo plazo mucho después de que yo me haya ido. Cuando se les expone un montón de razones para que compren, existe el riesgo de estar desviándolos de las razones que ellos encontrarían por sí mismos.

—¡Vaya! —exclamó Sally.

—Las razones de compra que proceden del cliente —continuó Rick— siempre van a ser mejor que las razones que el vendedor le ofrezca. En esto se basa mi sexta ley de «La clave de la venta»: cuanta menos persuasión del vendedor haya en una decisión de compra, más interiorizada estará la decisión del cliente.

—Rick, ¿te das cuenta de que lo que estás diciendo va contra todo lo que la mayoría de los vendedores creen? —exclamó Sally—. Los vendedores están completamente inmersos en la creencia de que necesitan controlar el proceso de ventas.

—Sé que decir esto es algo inusual —respondió Rick—, y realmente no te estoy pidiendo que cambies o que hagas nada de manera diferente. Solo estoy aquí para puntualizar algunas cosas sobre el cliente. Eres tú la que tiene que decidir cuál será el mejor modo de reaccionar. Pero creo que si tú le das vueltas a esto un poco, descubrirás que cuanto más intentes tomar las riendas de la relación, menos cosas te revelarán tus clientes. Como tu formador, y después de haberte oído hablar tanto que el cliente no ha tenido oportunidad de decir palabra, no tengo muchas más observaciones que hacerte sobre el cliente —de repente Rick cambió de tema—. ¿Dónde trabajabas antes de venir a Essentials?

—Era agente de viajes —respondió Sally—. Vendía paquetes de vacaciones, cruceros, incluso algunos viajes de turismo de salud. El turismo de salud es cuando la gente va a otro país a operarse. Es mucho menos caro si estás en disposición de asumir algún riesgo.

—Eso es interesante —contestó Rick—. ¿Cuánto tiempo hiciste eso?

—Cuatro años.

—Cuando estabas empezando, ¿cómo sabías qué paquetes recomendar?

—Yo antes no había viajado mucho —le dijo Sally— y al principio necesitaba hacer muchas preguntas.

—Supongo que también tenías que escuchar con atención las respuestas que te daban.

—Es verdad. Preguntaba a otros agentes de la oficina, obtenía información de agencias de viajes y recogía las impresiones de los clientes que habían ido a los viajes.

—¿Qué te ayudó más?

—La experiencia del cliente era lo más valioso, por supuesto —le comentó Sally—. Ellos me daban la mejor visión de cómo habían ido los viajes realmente.

—A mí también. —Rick mostró su acuerdo—. Siempre que he empezado en una nueva empresa, hablar con los clientes es lo que me ha dado más pistas sobre cómo vender el producto. Los clientes han experimentado el producto de primera mano y verdaderamente creen en él. No hay nada mejor que exponer a los vendedores novatos a ese nivel de convicción.

—Totalmente de acuerdo — convino Sally.

—Cuando son los vendedores los que proporcionan los argumentos de venta, a los clientes les resulta más fácil descartarlos por poco convincentes. Esos mismos argumentos de venta no serían desechados tan fácilmente si el cliente llegase a ellos por sí mismo. Por ejemplo, yo me pagué los estudios universitarios como profesor de tenis en un club local del que mi madre era socia. Conseguí arrastrarla a las pistas para darle clases, pero no mejoraba porque después de la clase no seguía mis instrucciones. Entonces sucedió una cosa divertida. Otros socios del club empezaron a ganarle en las pistas y le decían que era porque habían asistido a mis clases. ¡De repente, mi madre tomó la iniciativa de pedirme que le diera clases de tenis! Enseguida ella se convirtió en la estudiante más rápida en aprender que había tenido jamás. Así que fíjate cómo mi madre tomó su decisión de compra: cuando ella decidió por su cuenta que yo le enseñara a jugar al tenis. Las mismas clases que antes no le habían funcionado de pronto se convirtieron en algo transformacional para ella. Mis clases eran las mismas; la diferencia estuvo en su receptividad. Mi instrucción no fue eficaz hasta que ella por sí misma vino con la idea de que yo tenía que enseñarla.

Y así es, siempre es preferible conseguir que las razones para comprar se les ocurran a los clientes más que a los vendedores. Incluso en el caso de que se trate del mismo argumento de venta que el vendedor iba a utilizar.

—Estoy empezando a pillarlo.

—Los vendedores pueden pensar que parecen inteligentes cuando ofrecen un montón de argumentos de venta, pero no están viendo el objetivo —añadió Rick—. La clave de una venta es la decisión de comprar del cliente. Los clientes no pueden desestimar las razones que ellos mismos han elaborado para realizar la compra. Un vendedor que retiene argumentos de venta hasta que los clientes los descubren por sí mismos puede que no parezca tan inteligente, sin embargo, conseguirá muchas más ventas.

—Lo estoy entendiendo —comentó Sally—. Se trata de comprar, no de vender. Me gusta.

—Yo trato de conceder a los clientes autonomía para que centren su atención en aquello que sienten que les conduce a la mejor decisión —prosiguió Rick—. Al hacer eso, ellos sienten que estoy de su parte.

—Esto me recuerda a esos vendedores que intentan exhibirse —dijo Sally—. Si el vendedor quiere que se le mire a él en lugar de al producto, me hace pensar que debe de haber algo malo en el producto.

—Exactamente —respondió Rick—. Los vendedores piensan que van a ganarse el favor de los clientes actuando, pero lo que realmente van a hacer es crear suspicacias. Los clientes empezarán a pensar por qué el vendedor necesita distraer su atención del producto. Las buenas relaciones se desarrollan en un entorno donde cada una de las partes puede pensar lo que desee sobre la otra. Los vendedores que confían en los clientes, independientemente de la impresión que estos opten por tener de ellos, son los vendedores que disfrutan de la mejor sintonía.

—Esto puede ser difícil para mí —admitió Sally—. No es que no tenga sentido. Lo tiene. Es solo que me cuesta mucho verme a mí misma dejando que las visitas se desarrollen de una manera diferente a como yo las había planeado.

—Sí —asintió Rick—, controlar las visitas es una ambición universal. Los vendedores quieren gustar a los clientes porque piensan que eso les dará más control, pero se equivocan. Pueden controlar más la opinión que los clientes tienen sobre ellos, pero es improbable que la decisión de compra del cliente se base en eso, ya que probablemente se basará más en la opinión que ellos tengan del producto que en la que tengan del vendedor.

—Eso es mucho cambiar —suspiró Sally—. Me he esforzado bastante por gustar. ¿Cómo sugieres que gestione la situación con Meg?

—Hemos hablado de la importancia de la toma de decisiones de tu cliente —le dijo Rick—. Eso significa que queremos cambiar el enfoque y contemplar la situación de compra de Meg en vez de nuestra situación de venta. Ninguno de nosotros sabe exactamente qué llevó a Meg a comprar el esparadrapo. Sin embargo, sí que percibimos que parecía estar demasiado ausente y no comprometida con su decisión. Puede que te interese averiguar más sobre la perspectiva que tiene de la nueva posición que ocupa. Podrías preguntarle por las diferencias que percibe entre ella y el comprador a quien ha sustituido. La comparación puede revelar adónde suele dirigir su atención. Conocer qué diferencias tienden a preocuparla revelará lo que considera sus prioridades. Además, te orientará sobre qué aspectos de su posición le entusiasman potencialmente. Tú estás en mejor posición que la mayoría de los vendedores a los que formo para prestar atención de cerca a Meg y beneficiarte. Eres una gran observadora. Tu capacidad para evaluar que el entusiasmo de Meg fue únicamente de un tres sobre diez fue muy aguda. Contar con el don de una observación precisa te permitirá reaccionar certeramente para lograr el mejor resultado.

—Gracias —dijo Sally—. Ahora que lo mencionas, he cerrado muchas ventas a partir de cosas que he percibido sobre los clientes.

De vuelta a la oficina, Sally agradeció a Rick sus ideas y le dijo que esperaba con ganas su próxima sesión de formación. Quedaron en que el Hospital General de la Esperanza sería el mejor lugar para encontrarse y Sally se marchó a su casa dándole vueltas a la conversación que habían mantenido.

Sally se molestó un poco cuando Ben le pidió que se reuniese con el director financiero de la empresa, Martin. Había planeado irse a casa temprano y hacer algunas llamadas telefónicas de captación de clientes antes de que su hija volviese del colegio. Así que se dirigió hacia el despacho de Martin y cuando pasó por Contabilidad se percató del contraste entre el ruidoso y caótico Departamento de Ventas y aquel tranquilo refugio donde se daba cuenta del dinero con discreción. Un sitio ideal para hacer sus llamadas telefónicas en vez de hacerlo en casa.

El despacho de Martin se encontraba al final del pasillo. Había archivos donde se acumulaban montones de papeles y la gran mesa de Martin también estaba cubierta por pilas de ellos. Se preguntaba cómo podía ser capaz de encontrar algo allí.

Martin invitó a Sally a que tomase asiento, lo que hizo en la única silla que no tenía nada encima.

—Muchas gracias por reunirte conmigo con tan poco tiempo de antelación —le dijo Martin—. Seré breve para que puedas volver con tus clientes. Me gustaría conocer qué impresión tuviste ayer de tu trabajo con Rick. Llegaste a la empresa con mucha experiencia previa en ventas y sé que sus métodos son poco convencionales, así que me gustaría escuchar la utilidad que tuvo para ti la experiencia.

«¿Así que para eso es esta reunión? —pensó Sally—. Caramba, menudo cambio. Normalmente es la empresa la que pregunta al formador cómo lo está haciendo el vendedor.»

—Aprecio que valores mi opinión —le respondió mirándole—. Me impresionó la formación con Rick porque me dio cosas en las que pensar y que no había considerado anteriormente. Al principio, pensé que la visita de ventas a la que fuimos era bastante clara y rutinaria. Pero después, Rick me dio su impresión sobre lo que había pasado y fue muy reveladora. Ante el mismo escenario, la mayoría de los formadores en ventas únicamente dirían «Buen trabajo» y hubiesen dejado las cosas como estaban. Sin embargo, ahora Rick y yo hemos acordado hacer una visita de seguimiento al mismo cliente. Y estoy deseando hacerla.

Martin se sintió decepcionado porque la respuesta inicial de Sally no le daba munición que pudiera utilizar en contra de Rick. Decidió intentarlo de nuevo desde otro ángulo.

—¿En qué te formó para decir que fue diferente? —le preguntó.

—No me aconsejó que dijera o hiciera nada diferente —respondió Sally—. Estuvimos conversando sobre la importancia de ser un buen observador y sobre otras cosas a considerar a la hora de vender. Tiene pensado mostrarme cómo hacer esas cosas durante nuestra visita de seguimiento. Quiere que asegure mi éxito a largo plazo obteniendo nuevos pedidos. Sin estos nuevos pedidos, no seré capaz de alcanzar los números con mis proveedores.

Un exasperado Martin honró su promesa de que la reunión sería breve y agradeció a Sally el tiempo que le había dedicado. Ella le respondió con un «de nada» y salió del despacho para dirigirse a su casa. De camino, Sally se preguntó si Rick sabría que el director financiero estaba preguntando sobre él. Decidió que sería mejor no comentarle esta conversación. No quería quedar atrapada en políticas internas en su primer mes de trabajo.

Martin hubiese querido que la conversación con Sally le hubiese dado más con lo que seguir. Ella valoraba positivamente su experiencia formativa con Rick. Era claro que la vendedora sentía que era algo que le ayudaría en sus ventas a largo plazo. Martin, sin embargo, pensó que era significativo que ella no pudiese concretar en qué le había formado exactamente Rick para que hiciese algo de manera diferente. Quizás el formador de Essentials tenía la intención de dirigirla más durante la visita de seguimiento con Sally. Aunque Martin también consideró la posibilidad de que Rick estuviera prolongando su contrato no dando a los vendedores instrucciones concretas.

Martin se sentía ahora aún más determinado a demostrar que la empresa no podía permitirse por más tiempo contar con un costoso formador de ventas.

4

Tu argumento de ventas les impide oírte

Cómo deciden comprar los clientes

La lluvia empezaba a arreciar haciendo que la pequeña taberna Wayside situada en la periferia de la ciudad pareciese todavía más aislada de lo que realmente estaba. Rick esquivó unos cuantos charcos en el *parking*, entró en la taberna y escudriñó la penumbra.

Vio que la atractiva mujer que buscaba ya estaba sentada en una mesa de la esquina.

—¡Hola, Lila! ¡Cuánto tiempo!

—Rick, tú siempre eres la viva imagen de la salud. Quizá vuestros suplementos en Essentials son mejores que los nuestros...

—Podría ser —dijo Rick, devolviéndole la broma—. Sabes que nadie te forzó a salir.

Lila había sido directora financiera en Essentials antes de irse a HealthNext, una empresa del sector que le había ofrecido acciones, algo que Essentials nunca habría hecho.

Pidieron unas bebidas y charlaron durante un tiempo de las novedades de la industria, hasta que Lila abordó el tema.

—Rick, sabes que todavía estoy en contacto con Joan. La admiraba cuando era mi directora general en Essentials y hoy valoro su honesta competencia y su amistad.

—Yo también la admiro —señaló Rick preguntándose adónde conduciría esa conversación.

—Joan me ha dicho que se avecinan grandes cambios en Essentials. Está buscando a inversores externos y necesita medidas agresivas con la hoja de balance.

—He visto unas cuantas presiones aquí y allí... —confirmó Rick.

Lila se adentró un poco más en la conversación, creando un aire de conspiración.

—Joan dice que se encuentra bajo la presión de tener que recortar el presupuesto de formación de ventas.

—Bueno, tal vez, pero ya sabes que realmente no puedo comentar nada —Rick se había quedado momentáneamente sorprendido por su franqueza.

—Joan me ha dicho que podía hablar contigo —le interrumpió Lila.

—Vale... —Rick sabía que Lila no le mentiría, para él sería muy fácil contrastarlo con Joan.

—Estamos teniendo algunas presiones parecidas a las de Essentials por el inesperado aumento de los precios del combustible — continuó Lila—. Aunque hemos considerado la idea durante años, puede que haya llegado el momento de incorporar más vendedores independientes para que trabajen desde casa a tiempo parcial —dijo examinando a Rick, atenta a su reacción.

Rick evaluó la situación y le pareció ver algún potencial en él.

—Acabarías con vendedores generalmente menos profesionales, así que habría muchos retos que asumir.

—¿Como cuáles...?

—Como que los vendedores a tiempo parcial son más blandos, más lentos, no tan cercanos y quizás incluso un poco resistentes a la formación tradicional en ventas.

—Y entonces, ¿qué se puede hacer?

—Necesitarían un tipo de formación distinta, algo parecido a lo que he venido haciendo cada vez más en Essentials. En este caso, incluso sería todavía más necesario.

—Dame «la frase del ascensor».

Rick le contó la esencia de su idea de que la clave de la venta es la compra.

—Los vendedores que trabajan en casa normalmente no son buenos a la hora de cerrar la venta. Muchos son madres que tienen que estar en casa o personas semirretiradas que buscan tener unos ingresos extra. Algunos ni siquiera se consideran a sí mismos vendedores. La idea de tomar el control de forma agresiva en una entrevista comercial e intentar el cierre de una venta es algo que ellos encuentran desagradable.

Luego le explicó por qué esos blandos vendedores a tiempo parcial se encontrarían más cómodos aprendiendo cómo ayudar a sus clientes a comprar en lugar de aprender a machacarles.

Lila había escuchado más de lo que esperaba oír.

—Te propongo un trato, Rick. Si a Joan la obligan a ajustar su presupuesto para formación y tú no vas a estar bien en Essentials, tienes un sitio en HealthNext. No puedo pagarte lo que estás ganando allí ahora mismo, y sé que todavía tienes que llevar a dos chicos a la universidad, pero la parte positiva es que existe un gran potencial si las ventas se incrementan a lo largo del tiempo.

Rick se tomó un instante para considerar lo que significaría un recorte en su salario. Después de considerar todas sus presiones financieras, la idea de empezar en un sitio nuevo no le pareció muy atractiva.

—Aprecio de verdad lo que haces, Lila —le dijo—. Odiaría dejar Essentials, especialmente porque es donde me han dado la oportunidad de desarrollar mi pensamiento. Mi equipo de ventas está incorporándolo, y eso está siendo sumamente gratificante. Pero es estupendo saber que tengo un lugar donde aterrizar en caso de que Essentials me deje marchar.

—Le diré a Joan que hemos hablado —le dijo Lila estrechándole la mano, a modo de cierto acuerdo.

Había empezado a marcharse cuando se giró hacia él y le dijo:

—¿Sabes Rick?, si dejases esta ciudad, tendrías muchas más oportunidades.

A la mañana siguiente en Essentials, Martin comprobó dos veces el buzón de entrada de su correo electrónico para asegurarse de que no se le había pasado por alto ningún mensaje de Joan. Por un lado, le alegraba no haber tenido noticias suyas porque no tenía mucha idea de cómo gestionar lo de Rick. Aunque, por otro lado, con la empresa sumida en grandes cambios, no tener noticias de su directora general le hacía sentirse inquieto.

—¿Tienes un momento? —era Ben, que había llamado de pronto a su puerta y, sin esperar una invitación formal, asomaba su cabeza.

Martin gruñó un asentimiento y Ben cerró la puerta tras de sí.

—Parece que tu antigua colega Lila tuvo una reunión con Rick ayer por la tarde.

Por un momento a Martin le cogió desprevenido. Cualquier cosa que involucrase a su anterior directora financiera iba a afectarle probablemente ya que Lila tenía amistad con Joan. De algún modo culpaba a Lila de entorpecer que él tuviera una mejor conexión con su jefa.

—¿Es eso cierto? ¿Cómo lo sabes?

El hermano de Ben era camarero en el Wayside, pero Ben no quería enseñar sus cartas.

—Tengo mis fuentes… Es cierto. Y no solo eso, sino que estrecharon sus manos como si acordaran algo.

—¡Vaya! ¿Por qué tendría Lila que reclutar a nuestro formador en ventas justo cuando nosotros nos vemos forzados a recortar gastos? ¿Sabes?, si viene de Lila, no me fío. Quiero decir que hemos de ser realistas, ella también está pasando por la misma crisis de costes que nosotros.

—Tal vez no exactamente como nosotros, quizá de manera totalmente diferente —dijo Ben mirándole.

—¿Quieres echarme una mano? —Martin se sentía como si Ben le llevase la delantera constantemente.

—Creo que sé lo que planea Lila, y para eso necesitará a Rick —dijo Ben acercándose un poco más.

—¿De veras?

—Cuando me enteré de la reunión, investigué un poco —continuó Ben—. HealthNext ha puesto anuncios buscando vendedores que trabajen desde casa. Creo que la respuesta de Lila a la crisis de costes es organizar una fuerza de ventas fuera de las oficinas.

—Chico, ese es un movimiento importante —replicó Martin, pensativo—. La venta desde casa es un asunto totalmente diferente a tener vendedores profesionales en el terreno. Una gran curva de aprendizaje, otro tipo de vendedores, diferente entorno. ¿Y por qué Rick?

—Para ellos el enfoque de Rick es perfecto —respondió Ben—. Él forma a los vendedores para que el proceso de decisión de los clientes sea lo más importante. Una vez que los vendedores están involucrados en el proceso de compra, únicamente han de responder a lo que se necesita. Así los vendedores no son percibidos en absoluto como tal. Ellos funcionan más como coaches de las decisiones de compra.

—Me pregunto si Lila le ha dicho a Joan lo que está planeando —pensó Martin en voz alta.

—Difícil de decir. Ambas pueden ser impredecibles.

Finalmente, Martin encontró un momento para reunirse con Joan, que estaba concentrada en el panorama general de la empresa preparando informes financieros y reuniones del Consejo.

—Mira, Martin, la semana que viene tengo varias reuniones con el Consejo y después me tomaré una semana de vacaciones, así que necesitaré que cojas el timón y te ocupes de preparar los informes mientras yo esté fuera.

Martin no tenía inconveniente, pero quería volver a hablar de Rick.

—He oído que Lila ha estado hablando con Rick. ¿Han llegado a un acuerdo?

Joan se sorprendió un poco de que la noticia se hubiese propagado tan rápidamente.

—Bueno, creo que en realidad es genial. Organizamos la salida de Rick sin fisuras; sin daños, no hay nada malo. El balance pinta mejor y lo rebajamos ante los duros tiempos que se avecinan. Creo realmente que Lila nos está haciendo un gran favor.

Martin se sentía indeciso, aunque sin duda la situación tenía un lado positivo para él.

—Estoy contento de no tener que ensuciar mis manos de sangre.

Joan entendía lo mucho que él odiaba despedir a alguien.

—Estoy encantada de quitarte esa responsabilidad.

Martin salió de la oficina, pero no estaba contento del todo. En el fondo, estaba molesto de que Lila y Joan le hubiesen quitado el control para adoptar su propia decisión financiera de decidir el destino de Rick.

Y lo peor del caso era que quizá Lila tuviera razón y él y Joan estuviesen equivocados. ¿Qué sucedería si el repentino reclutamiento de Rick situaba a HealthNext en primera línea mientras Essentials recortaba gastos?

De regreso a su despacho, Martin descolgó el teléfono.

—¿Ben? Necesito que me hagas llegar unos datos y los necesito ahora. Quiero que analices las ventas de los vendedores que ha formado Rick. Y quiero ver los datos de seis meses antes y de seis meses después.

—Me ocuparé de ello —dijo Ben.

—Necesito más cosas. —Martin no había acabado—. Necesito que analices también el número de visitas de cada vendedor antes y después de la formación de Rick. Tengo que saber si realmente han reducido la cantidad de visitas de ventas.

Ben estaba preocupado por este dato.

—No sé. Nunca hemos alentado a que los vendedores hagan menos visitas de venta. Quizá pueda reunirte algunas anecdóticas.

—Bueno, eso es mejor que nada. Y una cosa más: necesito hablar con Rick. ¿Puedes organizarme una comida con él? Es urgente. Mañana. Si voy a vender el enfoque de Rick a Joan y al Consejo, necesito entender mejor lo que Rick hace realmente.

Al día siguiente, Rick y Martin comían en la pequeña bocatería situada al otro lado de las oficinas y que servía de cafetería a Essentials.

—Es gracioso que hayamos trabajado diez años juntos —dijo Martin— y que no hayamos hablado hasta la semana pasada. ¿La anterior directora financiera era más sociable que yo?

—Lila y yo conectábamos bastante bien —Rick había mordido el anzuelo—. Ambos procedemos de familias de agricultores, así que cuando le dije que había aprendido de mi padre que las ventas podían cultivarse como las cosechas, le vio mucho sentido.

—¿Ventas y cosechas? —preguntó Martin—. ¿Conectasteis hablando de eso?

—Bueno, realmente así fue. La madre naturaleza ha dotado a cada planta de un proceso de crecimiento complejo, elegante y natural. Yo procuro que la prioridad de los vendedores sea darse cuenta y valorar la capacidad natural para comprar con la que están dotados los clientes. Se trata de la misma cosa.

—Así que alimentas al cliente lo mismo que nutrirías a una planta —contestó Martin, que tuvo que resistir el deseo de hacer un gesto de exasperación con los ojos.

—Esa es la versión resumida —confirmó Rick—. Hacerlo en la práctica conlleva entrenamiento, pero los rendimientos son fantásticos —y prosiguió—. Los vendedores necesitan dar a los clientes lo que precisan para que estos tomen una decisión de compra cómoda, incluso podríamos decir «natural». Las decisiones basadas en sentimientos motivadores pueden ser tan atractivas como las cerebrales, quizás incluso más. El vendedor necesita sentirse cómodo para ayudar a los clientes a cambiar el estilo de toma de decisiones basado en aspectos estrictamente cerebrales a un estilo que incluya en la decisión los sentimientos de los clientes. Muchos vendedores se sienten incómodos relacionándose con los clientes en el terreno de sus sentimientos. Es comprensible. Es más fácil saber lo que un cliente está pensando que lo que está sintiendo.

Toda decisión de compra está básicamente conectada a un sentimiento subyacente. Podría ser el sentimiento de satisfacción por tener éxito en su negocio o por aliviarse de un sentimiento incómodo. Pero la toma de decisiones basada totalmente en aspectos racionales puede conducir a la parálisis por el análisis. Un cliente puede estar de acuerdo con el pensamiento de un vendedor y no llegar a comprar.

Martin pensaba en sus propios problemas.

—Mira, en este preciso momento estoy intentando vender algo a alguien, y quisiera saber cómo podría lograrlo. Necesito vender a Joan que no te deje marchar a HealthNext y lo único que ella quiere es que yo le dé el presupuesto de ventas y las cifras del rendimiento de ventas. Ahí no hay espacio para ninguna emoción.

Rick se sorprendió por el repentino giro hacia su propia situación, pero inmediatamente sintió curiosidad por aquel desafío.

—Así que ahora mismo Joan está centrada en las demandas del Consejo y en la necesidad de dar unos números de rendimiento buenos a corto plazo. Y Lila tiene la libertad de cambiar completamente su estrategia de ventas para responder a un mundo cambiante. Una está en disposición de tomar una decisión basada en sus sentimientos; la otra está inmovilizada en un modo cerebral y necesitará infinitos números que la ayuden a tomar decisiones. Una probablemente adoptará decisiones inteligentes; la otra quizá se quedará paralizada por el miedo.

—Eso describe bastante bien lo que sucede —respondió Martin.

Rick tenía claro el asunto.

—Lo que realmente se está dando es una falta de confianza. Joan no confía en sí misma, no confía lo suficiente en ti y ni siquiera confía en sus números. La falta de confianza puede cambiar la toma de decisiones de estar orientada a los sentimientos a estar racionalizada. Siempre que a los clientes les falta confianza, su estilo de toma de decisiones también hace este cambio.

—¿Cómo puedo conseguir que Joan modifique su estilo de tomar decisiones? —Martin seguía centrado en Joan.

—Piensa en un agricultor con poca experiencia que está regando las hojas de una planta sencillamente porque parecen secas.

—¿Así que Joan es una planta? —se rio Martin.

Rick se mostraba decidido.

—Ella es *como* una planta. Tú la riegas con informes, pero no los interioriza. Ella necesita conocimiento y comprensión en las raíces para que pueda tomar una decisión integrada.

Martin sabía que lo que Rick le estaba diciendo era cierto.

—¿Qué sugieres?

Rick tuvo una idea.

—Tengo que cubrir una visita de ventas de uno de nuestros vendedores, que está enfermo. Puedes venir conmigo y si esta visita te proporciona una historia sólida, puedes contársela a Joan y empezar el proceso de alimentación.

Martin pensó que eso era un poco descabellado, pero estaba empezando a sentir que Rick tenía algo extraño, un sentido tipo zen de cómo las cosas funcionaban realmente.

Una hora después, Martin y Rick llegaban a la oficina de Serenity, un consultorio de medicina holística. El centro contaba con siete médicos, además de terapeutas y otros profesionales de asistencia médica alternativa.

Rick y Martin se identificaron al recepcionista que los dirigió hacia el Departamento de Compras.

Bernard les invitó a entrar y Rick presentó a Martin como alguien que había decidido hacer un cambio en su carrera y al que estaba formando.

Bernard era una persona sensible y quiso reafirmar a Martin.

—Nunca es demasiado tarde para convertirse en un aprendiz de por vida.

Martin hubiese querido protestar, pero en lugar de eso esbozó una amable sonrisa y permaneció en su papel de aprendiz en ventas.

Rick empezó preguntando a Bernard una serie de cuestiones generales sobre el consultorio. Durante la conversación, Rick sacó seis botellas que había traído consigo en el maletín y las puso sobre la mesa de Bernard. Este cogió una de las botellas mientras hablaban y Rick dejó de hablar tan pronto como Bernard se puso a examinar la primera botella. Bernard cogió las botellas una a una y examinó la larga lista de sus ingredientes.

Martin estaba incómodo con aquel largo silencio y deseaba hacer algún comentario, pero se esforzó por mantenerse al margen, ya que sospechaba que Rick estaba intentando algo. Este continuó en silencio dejando pacientemente que Bernard se tomase tanto tiempo como quisiera para analizar la fórmula de cada una de las botellas.

Finalmente, el responsable de compras dejó en la mesa la última botella.

—Mmm. Estos productos son interesantes —dijo Bernard.

—¿Cuál de ellos te parece el más interesante? —preguntó Rick.

—Este que tiene própolis. Pocas personas conocen las propiedades antibióticas del própolis de las abejas, pero aquí somos grandes admiradores de esa sustancia.

—¿Has visto algo más en algún producto que se te haya quedado en la cabeza?

—Realmente, no —replicó Bernard—.Todos parecen interesantes.

—Está bien.

Rick seleccionó dos de las seis botellas que permanecían en la mesa de Bernard y les dio un rápido vistazo. Entonces sacó de su maletín una carpeta de tres hojas que contenía todo el etiquetado de suplementos de los productos, examinó el índice, y buscó una de las páginas de etiquetados.

—Échale un vistazo a estas dos etiquetas de la nueva línea de suplementos que nosotros valoramos mucho —dijo Rick a Bernard.

Bernard cogió el catálogo y examinó las dos etiquetas.

—Sí, esto es lo que yo tenía en mente —dijo mientras dejaba el libro.

—Estupendo —dijo Rick—. Cada producto viene en dos tamaños: 60 y 120 cápsulas, para dos semanas o para un mes de tratamiento. Su coste es de 14,99 € la de 60 cápsulas y de 21,99 $ la de 120. El precio para el paciente es de 29,99 € y de 43,99 €. ¿Prefieres hacer el pedido por tu cantidad habitual de 12 cajas o preferirías hacer uno de 24 cajas con un 10% de descuento?

—¿Puedo tener el 10% de descuento por 12 cajas de 60 cápsulas y 12 de 120 cápsulas? —le preguntó Bernard.

—Podría hacerte ese descuento si vas a quedarte los dos productos.

—Fantástico. Hagamos eso.

—No sabía que supieras tanto de medicina holística —dijo Martin cuando regresaron al coche de Rick.

—Realmente, no tengo ni idea de medicina holística —respondió Rick—. Todo lo que has visto se ha debido sencillamente al poder de una buena observación —y continuó—. Realmente yo no dije nada sobre los productos. Ayer nuestro vendedor, Claudio, que ya se estaba empezando a sentir enfermo, seleccionó las seis botellas que podía poner frente a Bernard. Cada botella contiene ingredientes antibióticos naturales que trabajan de manera diferente. Cada una de estas seis botellas supone un enfoque antibiótico natural distinto. Yo únicamente me fijé en qué botellas captaban más su atención. También observé cualquier expresión facial que pudiera indicarme la impresión que le causaba cada producto.

—Yo intenté leerte a través de él, pero no pude captarlo —le interrumpió Martin.

—Tomé nota especialmente de las botellas en las que se detuvo más tiempo —continuó Rick—. Parecía estar más interesado en dos en particular. Después de analizarlas mostró una actitud favorable y mencionó el própolis. No tengo ni idea de lo que es, pero sabía que tenía que buscar ese ingrediente en los productos que yo seleccionase. Una vez hube tomado nota de todo, saqué el catálogo y le mostré los dos productos que utilizaban el mismo método de acción y me aseguré de que también llevaran própolis.

—De acuerdo, ¡estoy impresionado! Fue brillante. ¿Eso fue cultivar? —preguntó Martin.

—Así es —replicó Rick—. Yo no interferí ni intervine en el proceso natural de la toma de decisión de Bernard. Sencillamente lo apoyé con la información que él necesitaba para decidir bien, de la misma forma que un agricultor apoya el proceso de crecimiento natural de una planta dándole lo que necesita y después se quita de en medio. Los procesos naturales ofrecen el mejor resultado por sí mismos. Nuestro trabajo es apoyarlos, no intervenir. En lugar de ser un agricultor, me convertí en coach de la decisión de Bernard.

Rick pensó acerca de una historia que Martin podría relatar a Joan.

—Mi formación no se centra en el conocimiento del producto, como se hace en la mayoría de formaciones en ventas. En Essentials he acortado enormemente el periodo de formación requerido para que los vendedores salgan a la calle.

—Estoy impaciente por contarle a Joan lo que he visto hoy —dijo el director financiero.

Entonces a Martin se le ocurrió una idea.

—¿Qué sabes de sóftbol?

—Lo mismo que sé de medicina holística —respondió Rick sonriendo.

—Verás, estoy entrenando a un equipo. Puede que te lleve conmigo uno de estos días

Martin se sonrió.

—Me encantaría poder serte de ayuda.

5

El efecto Oh-Oh

Resaltar la conveniencia de una decisión

Martin se pasó todo el martes dirigiendo reuniones de departamento. El orden del día de la mayoría incluía informar a los supervisores sobre la decisión de Essentials de buscar inversores externos. Así que el martes se le pasó volando mientras explicaba a cada supervisor el papel que le tocaría desempeñar.

Se sorprendió al ver que ya eran las cinco de la tarde y llegaba tarde al partido de sóftbol de su hija, a cuyo equipo entrenaba. Ese año el equipo, las Robins, pasaba por apuros para llegar a la ronda de clasificación, a pesar de que en la temporada anterior había sido para ellas un paseo. El problema estaba en la que antes era su lanzadora estrella, Katya, que parecía haber perdido su magia.

Martin había trabajado duro entrenando a Katya, pero nada funcionaba. Cuanto más duramente lo intentaba, ella más fracasaba. Este año las situaciones de presión estaban siendo un desastre para ella, y parecían retroalimentarse. Incluso cuando Martin intentó quitarle presión y trabajó con ella para enseñarle a relajarse, tampoco funcionó.

Esa noche Rick había acordado hablar con Katya antes del partido. Martin tenía curiosidad por ver qué magia, si es que había alguna, podía hacer Rick con una lanzadora de instituto que de repente estaba fuera de control. Martin condujo a casa, recogió a su hija Fiona, y se dirigieron al campo.

A la edad de Fiona, ser vista demasiado cerca de su padre no era guay, así que tan pronto como llegaron al campo, ella se fue al encuentro de sus amigas y dejó a su padre. Martin abrió el maletero y sacó la pesada bolsa de bates, pelotas, guantes, bases y cascos. Lo arrastró todo hasta las gradas, evitando apenas tropezarse en medio de la nube de polvo que él mismo había levantado.

Y entonces se dio cuenta de que Katya y su madre, Marnie, le estaban observando divertidas.

—Parece como «sóftbol instantáneo» —observó Marnie—. Simplemente hay que añadir al entrenador Martin, un poco de polvo y remover.

—¡Creo que necesitaríamos ayudantes del entrenador por aquí! —dijo Martin riéndose de sí mismo.

Katya y su madre estaban bastante cerca, así que Martin, que ya llevaba tres años de entrenador de las Robins, solía aconsejar a Marnie para que lidiara con la frustración de Katya.

—Si te parece bien, he conseguido a un súperentrenador de lanzadoras que va a venir a darte un par de indicaciones —dijo dirigiéndose Katya.

La joven no estaba muy convencida, pero asintió.

—Vale.

—Creo de verdad que ese tipo tiene buenas ideas —le dijo entonces a Marnie.

Lo que en realidad quería decir era: «¿Estás libre una de estas noches?», pero todavía no había reunido el valor. Él sabía que Marnie era soltera y trabajaba como periodista en un diario local. Y veía algo en ella que le atraía.

—Mientras no le meta mucha presión... —respondió Marnie protegiendo instintivamente a Katya.

—Él es el polo opuesto a la presión —se rio Martin.

Rick había aparcado su coche y se dirigía hacia ellos.

—¡Hola, Rick! Gracias por venir —saludó Martin, y después le presentó a Katya y a su madre—. Tal como te comenté esta es nuestra gran lanzadora, Katya. Tuvo una gran temporada el año pasado, pero en esta está teniendo algunos problemas de control.

—Haré lo que pueda por ayudar —contestó cálidamente Rick y se volvió hacia la joven—. Entonces Katya, ¿cuál crees que es el problema?

—Parece que ya no controlo —respondió tras dar un sonoro suspiro—. Debo estar haciendo algo mal este año.

—¡Quién sabe! —Rick la miró y le dijo—: Te diré algo Katya, prometo no ser uno de esos molestos entrenadores que te dicen lo que has de hacer. Te voy a dejar decidir si quieres cambiar algo o no. ¿De acuerdo?

Katya se relajó un poco y le miró a los ojos.

—Claro.

Rick mandó a Martin y a Marnie al otro lado del montículo y, cuando estuvo a solas con Katya, le hizo señas al receptor para que se pusiera detrás del plato.

—Bueno, Katya, ¿por qué no haces uno o dos lanzamientos?

—Vale —aceptó ella.

La joven lanzó tres veces. Las tres fueron tiros rápidos y directos, que golpearon el guante del receptor con el ruido adecuado.

Rick se acercó al montículo.

—¿Qué notas en tu forma de lanzar?

—Que estoy defraudando al equipo —contestó Katya—. Este año no estoy lanzando tan bien como el año pasado. No sé qué es lo que falla.

—Mmm, no suena muy divertido —respondió Rick—. Dime más sobre esa diferencia con el año pasado al lanzar.

—La otra temporada todo iba bien. Hubo algunos partidos que lancé tan bien que la pelota parecía encontrar sola la zona de strike. Este año he perdido esos lanzamientos en los que confiaba para eliminar a los bateadores. Martin me dice que no estoy llevando la muñeca lo suficientemente atrás antes de hacer el lanzamiento. Me dijo que era por eso que mis antiguos tiros tenían más mordiente que los de este año. He intentado hacerle caso llevando la muñeca más atrás, pero no me está ayudando.

—¿Te importa si le pido a un bateador que se coloque en posición? —preguntó Rick.

—Adelante.

Martin pidió a un bateador que se situase en el plato de salida y entonces se acercó muy despacio al montículo del lanzador para poder escuchar a Rick entrenando a Katya.

—Venga, Katya, muéstrame uno de esos lanzamientos que este año no funcionan, pero que el año pasado te salían bien —le pidió Rick.

—Vale, intentaré un lanzamiento interior alto.

—Eso quiere decir que buscas la parte derecha del plato, justo por debajo de los hombros del bateador, ¿no? —preguntó Rick.

—Así es —respondió Katya, quien después de tres tiros miró a Rick.

—¿Qué opinas de esos lanzamientos? —le preguntó él.

—Solo uno de ellos ha ido a la zona de strike. Los otros dos han fallado. El año pasado podía fiarme de no fallar ni un solo lanzamiento interior alto.

—¿Estás segura de que el problema está en tu muñeca y no en tu brazo? —le preguntó Rick.

—No, no pensaba que mi brazo fuera un problema —respondió ella.

—De hecho, no estoy seguro de si es un problema o no. Vamos a observarlo más de cerca. ¿Eres consciente de hasta dónde llega tu brazo atrás antes de moverlo hacia adelante para lanzar?

—No —respondió Katya—. Nunca había pensado en eso antes.

—Veámoslo —sugirió Rick—. Haz unos cuantos lanzamientos más. No cambies nada de lo que haces normalmente. Simplemente percibe hasta dónde llevas el brazo atrás antes de llevarlo hacia adelante para lanzar.

Katya hizo tres lanzamientos. En cada tiro prestó atención a lo que le había pedido.

—¿Qué has notado? —le preguntó Rick.

—Mi brazo va hasta aquí atrás —dijo señalando hacia la posición más distante a la que había llevado la pelota.

—Vale —continuó Rick—, ahora haz unos cuantos lanzamientos interiores altos. Esta vez dime si siempre llevas tu brazo hasta ese punto o hay algo diferente en cada lanzamiento.

—Bien.

La joven hizo cuatro lanzamientos interiores altos. Rick observó que al menos tres de ellos parecían estar en la zona de strike, pero Katya no se había percatado de eso porque estaba más pendiente de su movimiento al lanzar.

—Parece que los llevo siempre igual de atrás —dijo Katya.

—Está bien —replicó Rick—. A mí también me lo ha parecido. Ahora quiero que lances algunas pelotas más y percibas en qué momento sueltas la pelota.

—¿Hay algo que hago mal cuando la suelto? —quiso saber Katya.

—No necesariamente. Cada lanzador tiene un estilo ligeramente diferente. Vamos a observar más de cerca el tuyo —dijo tirándole una pelota.

Katya hizo tres lanzamientos más. Percibió la sensación de soltar la pelota en cada lanzamiento y una vez más no prestó demasiada atención a dónde llegaban sus tiros. En lugar de eso, estaba concentrada en notar la sensación al soltar la pelota.

—¿Cómo has notado el momento de soltar esos lanzamientos? —le preguntó Rick.

—Lo he notado bien en todos los lanzamientos.

—Yo tampoco veo un problema con eso —convino Rick—. Ahora vamos a unirlo todo. Quiero que notes el momento en el que tu brazo está completamente atrás y que entonces digas la palabra «Para». Y también quiero que notes el momento en que sueltas la pelota y digas la palabra «Va» cuando la dejes ir. El objetivo de este ejercicio es que digas simultáneamente las palabras «Para» y «Va» exactamente en el momento en que ocurre la acción. Ahora no nos preocuparemos de adónde va el lanzamiento. Podemos mirar eso más tarde.

Katya miró a Rick con extrañeza cuando este le pasó una pelota. Ella la lanzó y dijo «Para» cuando su brazo fue atrás, y «Va» cuando soltó la pelota.

—¿Has dicho «Para» y «Va» simultáneamente al movimiento? —le preguntó Rick.

—No estoy segura. Puede que no.

—Haz otro lanzamiento y dímelo ahora —le pidió.

Katya realizó otro lanzamiento tratando de sincronizar más cuidadosamente las palabras y la acción.

—He notado que sincronizabas las palabras con la acción de forma más precisa esta vez —le comentó—. Prueba con varios lanzamientos más.

Rick le pasó una pelota tras otra hasta llegar a ocho lanzamientos. Katya estaba concentrada en sincronizar las palabras «Para» y «Va» en cada tiro.

—¿Cómo crees que lo has hecho? —le preguntó Rick.

—He sincronizado mejor las palabras en los últimos tiros.

—Yo también lo he notado —le dijo—. Este año ¿qué porcentaje de tus lanzamientos interiores altos han llegado a la zona de strike?

—No estoy segura —replicó Katya—. Creo que solo consigo uno de cada cuatro lanzamientos en la zona de strike.

—¿Sabes cuántos lanzamientos interiores altos has lanzado en la zona de strike durante este ejercicio?

—No, no exactamente —respondió Katya—. Estaba demasiado ocupada concentrándome en decir las palabras. Eso es lo que me has dicho que hiciera.

—Sí, es lo que te he pedido que hicieras. Pero yo estaba mirando a dónde iban los lanzamientos, y los últimos cinco fueron a la zona de strike. Cuanto más sincronizabas las palabras con tus acciones, mejores eran tus lanzamientos.

—¡Anda! —exclamó Katya— ¿Quiere eso decir que el problema es mi ritmo?

—Tu ritmo no es necesariamente el problema. Tiene que ver más con la *conciencia* sobre tu ritmo. Martin mencionó que tienes más problemas en los partidos importantes.

—Sí, es verdad —dijo Katya.

—Eso es porque pensar sobre la importancia del partido te distrae de lanzar bien. Pensar en dónde quieres que vayan tus lanzamientos te distrae de poner atención en el propio lanzamiento. Esta interferencia empeora en los juegos más importantes.

—¿Estás diciendo que se supone que no tengo que pensar en adónde tendría que ir el lanzamiento?

—Lo más importante es prestar atención al propio lanzamiento —replicó Rick—. Estabas logrando que tus tiros fueran a la caja del bateador bastante bien, a pesar de que no estabas poniendo atención sobre dónde iban. Enfócate en el propio lanzamiento, más que en dónde piensas que debería ir.

—Vale, lo probaré. ¡Gracias Rick! ¿Me entrenarás también antes del próximo partido?

—Me gustaría —le contestó—, pero no creo que me necesites. Tu forma de lanzar es buena tal como es. Yo no te he dicho que cambies nada sobre tu forma de lanzar, ¿verdad?

—No, no lo has hecho —replicó Katya.

—Lo estás haciendo bien por ti misma. No veo que tengas que cambiar nada.

—Tienes razón —dijo Katya—. Estoy contenta de que al final mi forma de lanzar sea buena. Estoy deseando probarla en el partido de hoy.

—Me quedaré un rato. Estoy impaciente por ver cómo va —le dijo Rick.

Katya bajó del montículo para hablar con su madre y Martin se unió a Rick.

—¡Ha sido estupendo! La has entrenado para lanzar sin saber nada de sóftbol.

—Le he dicho que no me necesitaba porque ya lo estaba haciendo bien por sí misma —remarcó Rick—. Ella hizo todo el trabajo y lo que sacó de ello es lo que más necesitaba: confianza. Si me adjudicase algún mérito por eso, me estaría interponiendo en su camino.

—Eso suena como lo que has estado diciendo acerca de las decisiones interiorizadas. La ventaja de tales decisiones es que perduran después de que el vendedor se haya ido. Lo cual permite que la relación del cliente con el producto continúe sin necesidad de que intervenga el vendedor.

—Sí, ¡lo has pillado! —Rick estaba encantado.

—¿Qué te llevó a decidir que poner su atención en llevar el brazo atrás sería la mejor solución? —le preguntó Martin.

—Dijiste que los lanzamientos de Katya empeoraban durante los juegos más importantes —le respondió—. Yo le llamo a eso el «efecto Oh-Oh». Los jugadores son víctimas de él cuando centran su atención en lo que están tratando de evitar. Acaban haciendo exactamente lo que más temen.

—¿Así que tu solución fue cambiar su foco de atención? —insistió Martin.

—Sí, necesitaba que su atención se enfocase en jugar más que en las consecuencias de fallar en el juego. Podría haberle pedido que se centrase en la sujeción de la pelota, en el lenguaje corporal del bateador o en su lugar en el montículo. Cualquiera de esas cosas hubiera funcionado.

—¿Cómo se aplica eso a las ventas?

—Los vendedores necesitan orientar a sus clientes para tomar decisiones sin permitir que el efecto Oh-Oh interfiera, pues en una decisión de compra eso es el miedo a tomar una mala decisión —respondió Rick

—Sabes qué es una «experiencia cumbre», ¿verdad?

Martin había estudiado en los años sesenta en la universidad.

—Claro, significa estar metido en la rutina o fluir…

—Exactamente. La experiencia cumbre podría decirse que es tímida porque no aparece cuando las expectativas están presentes. Si la quieres, no aparecerá. Así que pude resolver el problema de Katya derivando su atención hacia la tarea que estaba realizando. Esa tarea era el acto físico de lanzar, que es realmente en lo que se basan sus resultados. Lo hice consiguiendo que se interesase por el movimiento de su lanzamiento. La espontaneidad incrementada permite que la experiencia cumbre aparezca.

—¿Y en ventas? —preguntó Martin.

—Las dudas sobre uno mismo interfieren en el rendimiento a la hora de tomar decisiones, igual que interfieren en cualquier otra actuación. Los clientes que dudan de su capacidad para tomar buenas decisiones de compra no alcanzarán una experiencia cumbre al decidir, porque esta requiere que haya confianza durante el proceso de decisión. Sin embargo, la confianza hace la toma de decisiones clara y agradable, y lleva a resultados exitosos.

—Esto es realmente fascinante —replicó Martin—. Tus ideas me ayudarían tremendamente con mis informes para los inversores. ¿Hay alguna manera de que puedas resumirlo para mí, de un modo sencillo para que me ayude a explicar tu formación a otros?

Rick no estaba seguro de poder sintetizarlo tanto, pero dijo que lo intentaría.

—Y dime cómo le va a Katya en el partido.

—¡Yo también estoy impaciente por verlo!

6

El monstruo bajo la cama

La importancia de la calidad en la toma de decisiones

Al finalizar el partido, Martin tuvo un momento para charlar con Marnie, la madre de Katya. Consiguió encontrar el valor para preguntarle si quería tomar un café con él después del partido, pero ella se mostró distante y dijo que tenía que ayudar a Katya con sus deberes. Martin se quedó solo en el campo de juego recogiendo las bases.

Mientras estaba en la oficina el miércoles por la mañana, Martin todavía pensaba en la victoria de las Robins en el partido de sóftbol de la noche anterior. Katya había jugado de pronto como la gran lanzadora que había sido el año anterior. El triunfo fue enorme, aunque todavía se sentía un poco dolido por el rechazo de Marnie. ¿Qué la había hecho cerrarse? Casi deseaba que Rick le orientase sobre Marnie, pero eso no iba a suceder. Sin embargo, se preguntaba en qué otras áreas de Essentials se podrían aplicar las especiales habilidades de Rick. Descolgó el teléfono.

—¿Rick? Soy Martin. Antes de nada, eres un genio del sóftbol. Katya jugó como ella sabe todo el partido, el equipo estuvo inspirado y ganó fuera de casa. Quizá tengamos que contar contigo para otro de nuestros encuentros antes de que acabe la temporada.

»Ahora tengo que pedirte otro favor especial. Me arriesgué demasiado y le ofrecí a mi sobrino Carlos un trabajo como vendedor. Tiene alguna experiencia y bastantes habilidades interesantes, pero las cosas no le están yendo bien aquí. Quizá podrías echarle una mano.

—Por supuesto, lo tenía pendiente —respondió Rick—. Voy a ponerle el siguiente en la lista de los nuevos. Creo que mañana tengo una sesión. ¿Cuál crees que es su problema?

—Bueno —contestó Martin—. No sé si únicamente se trata de una cosa. Carlos sencillamente parece estar en aprietos. Antes de que llegara aquí, estuvo vendiendo aparatos médicos durante un par de años y allí tampoco le fueron demasiado bien las cosas. Ahora sus ventas se están desplomando y temo que el proveedor al que representa empiece a quejarse.

—Mmm...

—Estoy confundido —continuó Martin tratando de aportar más claridad— porque a él se le ve muy motivado y, además, tiene una de esas personalidades perfectas para la venta.

—Interesante. ¿Y qué tiene la personalidad de Carlos que le hace perfecto para la venta? —quiso saber Rick.

—Bueno, es extrovertido, tajante, casi agresivo —contestó Martin—. Está orientado a los objetivos y nunca evita una discusión. Creí que su personalidad persuadiría a la gente a pensar como él.

Rick se tomó un momento.

—Bueno, esas cualidades podrían ser útiles en alguna otra parte...

—Mientras me escuchaba hablar a mí mismo —Martin prosiguió— he podido notar que te molestaba algo. Por lo que me has mostrado, puede que su personalidad no sea un activo tan bueno como pensaba antes.

—Quizás es un poco parecido al problema de Katya: se centra más en el resultado que en el proceso necesario para conseguirlo.

—Por favor, inténtalo —le rogó— y dime lo que piensas.

—Tras agradecerle nuevamente su intervención, Martin colgó.

Carlos supo por Martin de su próxima formación con Rick y reaccionó bien. Se preparó para el día siguiente estudiando por su cuenta los productos más novedosos, una línea de termómetros clínicos con capacidad para resistir cualquier tipo de esterilización sin perder precisión o durabilidad.

A la mañana siguiente, Carlos llamó a la puerta de Rick y se presentó. El formador evaluó su firme apretón de manos y buena apariencia. Carlos era bajito, de pelo negro y tenía un fino bigote. Vestía un traje beis informal y una corbata de cordón. Rick no era capaz de recordar la última vez que había visto a alguien de veinte años con una corbata de aquellas.

—¿A dónde me vas a llevar hoy? —le preguntó Rick.

—He pensado que podríamos visitar a uno de mis distribuidores de suministros médicos, Bohm Medical. Las compras de Bohm se estancaron el año pasado y no sé por qué. Mi compradora se llama Larisa. He concertado una entrevista con ella y ya le he dicho que la visitaríamos los dos.

—Excelente —asintió Rick.

—Le he comentado que tú venías en calidad de formador. Larisa lleva un par de años en Bohm y tenemos bastantes termómetros que deberían estar en su catálogo, pero no lo están. Mi objetivo es colocarles nuestro último modelo de termómetro, el Q1016, que salió ayer mismo. Quiero ser el primero en conseguir una venta de este producto.

—Desde luego si salió ayer es muy nuevo —Rick observó prudentemente—. ¿Ya ha elaborado tu proveedor todos los materiales para la venta?

—He podido conseguir el primer borrador del manual y me he empapado de lo que dice —respondió Carlos.

—Muy bien, veamos cómo va todo. Estoy seguro de que al proveedor le gustará saber tu opinión sobre cómo han acogido tus primeros clientes el termómetro Q1016.

Cuando llegaron a Bohm, Carlos salió del coche y se dirigió al mostrador de recepción. Rick tuvo que esforzarse por seguirle los pasos. El joven vendedor se anunció a la recepcionista, y esta llamó a Larisa. Cuando la recepcionista les indicó que podían pasar, él ya iba en dirección al despacho y tuvo que esperar a que Rick le alcanzase. Carlos dio un par de sonoros golpes a la puerta y entró a la oficina prácticamente antes de que Larisa pudiese decir «Adelante». Ella estaba sentada detrás de su escritorio y tenía dos sillas al otro lado que había preparado con antelación por la visita de Carlos y Rick.

—Gracias por recibirnos hoy —dijo Carlos empezando la reunión.

—De nada —respondió ella en tono de compromiso.

—Larisa, te presento a Rick —prosiguió Carlos—. Es el formador de la empresa que te comenté que vendría.

—Encantada de conocerte, Rick —saludó Larisa alargando el brazo y estrechando la mano de Rick.

Aparentemente, el fuerte de Carlos no eran las conversaciones triviales.

—Estoy ansioso por presentarte nuestra nueva línea de termómetros.

Larisa se echó hacia atrás en su silla sin decir nada y dejó que Carlos continuase.

Carlos sostenía con su brazo derecho una pila de folletos.

—Cada termómetro viene con su propio manual técnico —explicó al tiempo que depositaba ocho manuales en el escritorio de Larisa y continuó—. Nuestro mejor termómetro y el más nuevo es este, el modelo Q1016.

Separó el manual de ese termómetro de los otros que estaban en el escritorio y se lo entregó a Larisa. Entonces comenzó una descripción muy detallada de las razones por las que ese modelo de termómetro era superior a las otras marcas. Su presentación incluyó los últimos avances en tecnología termopar frente a las sondas RTD que utilizan otros aparatos; estas mejoras suponían una mayor exactitud, mejores valores de los coeficientes de resistencia Calendar-Van Dusen y mejora de las capacidades para funcionar en línea de su avanzado microprocesador.

Rick estaba impresionado con los conocimientos de Carlos sobre los aspectos técnicos del Q1016. Larisa hojeaba el manual del Q1016 mientras Carlos hablaba y Rick se dio cuenta de que ella pasaba las hojas sin detenerse el tiempo suficiente a leer ninguna de las páginas. Una vez que terminó de hojear todo el manual, lo dejó encima de la mesa con un suspiro y dirigió su atención otra vez hacia Carlos.

—Como resultado de su superior tecnología —concluyó el vendedor—, estos termómetros tienen una duración dos veces superior a las otras marcas que utilizáis. Resisten cualquier tipo de esterilización sin comprometer su exactitud. Un pedido mínimo, una caja de cincuenta termómetros Q1016, costaría normalmente 1.749,50 euros, lo cual supone un coste de 34,99 por unidad. Sin embargo, por seis cajas, te rebajaría el precio a 29,99 euros la unidad, lo cual te supondría un total de 8.997 euros. Con las seis cajas, estarías pagando solo un 20 por ciento más por un termómetro que tiene una duración un 50 por ciento superior. ¿Te gustaría empezar con una caja o prefieres lograr el valor extra que te proporcionan las seis cajas?

—Hoy no estoy en posición de comprometerme con una cantidad —le respondió Larisa—. Lo consultaré con otras personas de aquí y te diré algo. Hoy únicamente repetiré el habitual pedido semestral de tres cajas de termómetros P829. Con eso podré aguantar hasta que pueda explicar a nuestros ingenieros la superioridad del Q1016. ¿Puedo quedarme el manual para consultarlo?

Rick vio que los hombros de Carlos descendían visiblemente en señal de decepción. Carlos no podía creer que su estupenda oferta estuviera siendo rechazada delante de Rick. Entonces, empezó a repetir su oferta.

—Pero el Q1016 te ofrece una duración dos veces mayor por solo 29,99 euros. Eso es prácticamente cinco euros de diferencia.

—Sí, lo sé —replicó Larisa—. Es solo que tengo que tener a los ingenieros convencidos y son un grupo escéptico.

—Aunque solo comprases una caja, habría una diferencia de prácticamente diez euros por termómetro.

—Bueno, hoy solo puedo repetir el pedido habitual de tres cajas del P829 —insistió Larisa visiblemente tensa.

El lenguaje corporal de Larisa le indicaba a Rick que ella quería que se marchasen ya, así que decidió intervenir.

—Esos ingenieros no son únicamente escépticos, me imagino que a veces pueden ser realmente arrogantes sobre sus conocimientos técnicos.

Carlos estaba aliviado de poder relajarse y observar a Rick en acción. Esperaba que él tuviese un plan para salvar la situación.

—Sí, tienes toda la razón —dijo Larisa—. Parecen disfrutar cada oportunidad que tienen para demostrarme que no soy tan inteligente como ellos.

—Veo que te juegas mucho al decidir incorporar un nuevo termómetro —prosiguió Rick—. El modelo Q1016 también es nuevo para nosotros. De hecho, salió al mercado justamente ayer. El manual que Carlos te ha mostrado solo es nuestro primer borrador y todavía no está finalizado, así que estoy seguro de que la información que contiene todavía no es del todo clara. No he podido evitar darme cuenta, cuando estabas hojeando el manual, de que nada parecía llamarte la atención. ¿Tienes alguna sugerencia para hacer que sea una herramienta más útil para compradores como tú?

—Es gracioso que me preguntes esto —comentó Larisa—. Realmente, estaba buscando una simple lista con las características nuevas más importantes. El manual, tal como está ahora, es demasiado complicado. Nunca tendría el tiempo suficiente para revisarlo.

—Por tanto, contiene más información de la que consideras que alguien en tu posición necesita para tomar una buena decisión, ¿es así?

—Sí, así es —respondió ella—. Demasiada información y la mayoría parece poco importante. Con tantos datos se hace más difícil decidir si el modelo Q1016 es realmente la mejor apuesta.

Rick volvió a entregarle el manual.

—¿Qué cosas de este manual piensas que podríamos quitar? —le preguntó.

Larisa tomó el folleto. Ahora, mientras le echaba un rápido vistazo y señalaba una página del manual, parecía más relajada.

—Yo no necesito conocer la historia del cobre y el platino que se emplean en las aleaciones termopares —comentó—. Lo único que necesito saber es que la tecnología termopar funciona dentro de una amplia gama de temperaturas y que tiene un tiempo de respuesta más rápido que el RTD.

Rick se acercó y tachó con un lápiz los párrafos que le molestaban.

—Tachado y tachado. ¿Hay algo más que sugieres suprimir?

Ahora que era responsable del proceso de edición Larisa contestaba midiendo sus palabras.

—Bueno, la verdad es que no me hace falta conocer todos esos coeficientes de linealización. Lo único que quiero saber es que las aleaciones que se utilizan presentan una buena relación lineal de temperatura y de resistencia.

—Entiendo lo que quieres decir —convino Rick, tomando de nuevo el manual y tachando un montón de palabrería—. Gracias, tu opinión nos ayudará. Realmente tú entiendes todo este material mejor que la mayoría de nuestros vendedores.

—Mmm, supongo que después de todo he adquirido algunos conocimientos.

—Si piensas sobre ello —añadió Rick—, solo esas dos ventajas que has mencionado serían suficientes por sí mismas para justificar a tu dirección el reemplazo de los viejos termómetros por el nuevo modelo. Se quedarían impresionados por tu capacidad para tomar decisiones de compra sobre productos técnicos. ¡Y el nuevo Q1016 únicamente es un 20 por ciento más caro!

—Yo también pienso lo mismo —respondió Larisa—. ¿Sabes qué?, os haré un pedido de seis cajas de termómetros Q1016. Esos ingenieros en todo caso siempre desean lo más nuevo, los últimos artilugios.

—Magnífico —exclamó Rick.

Carlos anotó el pedido.

Una vez que estuvieron en la calle, Rick se dirigió a Carlos:

—Estoy muy impresionado de lo bien que conoces los aspectos técnicos de esos termómetros.

—Sí, gracias. Pero me doy cuenta de que no me han ayudado a lograr la venta.

—La visita de hoy me recuerda una experiencia que tuve el otro día mientras hacía de canguro a mi nieta de cuatro años —dijo Rick—. La otra noche, ella tenía miedo de que hubiesen monstruos debajo de su cama y no quería apagar la luz. Si le decía que no había nada de qué tener miedo, hubiese empeorado las cosas. Ella hubiese pensado que yo no la comprendía. Así que en lugar de eso, estuve de acuerdo con ella en que los monstruos dan miedo. Le pedí que describiera cómo son esos monstruos. Me dijo que eran enormes y ruidosos. Yo le contesté: «Entonces, podremos oír a un monstruo grande. Y en ese caso yo lo espantaré en cuanto lo oiga». Y así, con el monstruo vigilado, ella fue capaz de apagar la luz y ponerse a dormir.

Pues con Larisa utilicé lo que aprendí de mi nieta. La observé cómo iba pasando las hojas del manual mientras tú estabas hablando. No leyó nada. Miraba las hojas con un suspiro, como si toda la información que allí hubiese fuera un «Oh-Oh». Un «Oh-Oh» es un factor que de repente hace que la tarea parezca mucho más difícil. Posteriormente, averiguamos que su «Oh-Oh» era el tener que justificar su decisión de compra ante los ingenieros, porque temía la perspectiva de ser acorralada con preguntas del estilo «te pillé». Y toda la información técnica adicional que escuchó de ti acabó de apoyar ese miedo.

—Pero necesitaba mostrarle que sé de lo que hablo —se justificó Carlos—. Así es como consigo que ella confíe y me respete.

—Lo comprendo —respondió Rick—. Pero no creo que su toma de decisiones fuese a basarse en su confianza y respeto hacia ti. Creo que tiene que ver más con su autoconfianza.

—¿Autoconfianza?

—Obviamente, Larisa no se sentía confiada en repetir tu presentación técnica para justificar su compra ante los ingenieros —explicó Rick—. Y ella no iba a comprar hasta tener esa confianza. Tuve que quitarle ese Oh-Oh de encima. Al descargarle de responsabilidad porque entendíamos que el manual todavía no era comprensible, hice que fuese normal que ella no entendiera esa información tal como estaba.

—Me estaba preguntando por qué habías dicho eso —dijo Carlos tras una breve pausa—. Estaba preocupado de que nos hicieras parecer incompetentes. Era como si estuvieses admitiendo que todavía no nos las apañábamos para crear un buen manual.

—Los clientes siempre interpretarán lo que digamos más en términos de lo que significan para ellos que para nosotros —contestó Rick—. Yo sabía que a ella se le haría muy cuesta arriba estar segura de comprender el Q1016, a menos que fuese capaz de quitarle el Oh-Oh. En el caso de mi nieta, necesité mostrarme de acuerdo con ella en que los monstruos dan miedo.

Carlos trataba de seguir la lógica de Rick.

—¿Y con Larisa?

—Larisa fue capaz de relajarse cuando le mostré que yo entendía lo confuso que podía ser el manual. Una vez que su Oh-Oh, su monstruo, ya no estaba en medio, fue capaz de tener una imagen clara de lo que entendía hasta ese momento. Así que cuando le pedí que nos diese sugerencias sobre lo que ella suprimiría, empezó a darse cuenta de que había un montón de cosas que ya entendía. Y se demostró eso a sí misma cuando me ayudó a suprimir párrafos del manual.

Carlos frunció el ceño mientras reflexionaba sobre lo que su instinto le hubiese indicado hacer.

—¿Y qué habría pasado de haberle preguntado directamente cuánto había captado de lo que yo le había explicado?

—Buena pregunta. El problema es que hacer una pregunta directa, y quizás incluso retadora, puede crear otro Oh-Oh, lo cual en este caso hubiera incrementado el temor de Larisa a no haber captado lo que habías estado diciéndole. Sobre todo porque ella teme exponer sus propias carencias de un sólido conocimiento técnico. Cuando le hice una pregunta sobre un área en la que ella se sentía segura, es decir, qué parte de nuestro manual era demasiado técnico, entonces pudo intervenir. Siempre es mejor para los vendedores ser aprendices que maestros.

LEY #7

PARA LOS VENDEDORES ES MEJOR SER APRENDICES QUE MAESTROS.

—Entonces, ¿cómo aprenderán los clientes si ellos son los maestros y nosotros los aprendices? —le preguntó—. Yo sé mucho más del termómetro Q1016 de lo que sabe Larisa.

—Larisa era incapaz de tomar una decisión de compra porque, muy en el fondo, tenía una objeción que apenas podía entender y mucho menos hablarte de ella. Y el origen de esta objeción ¿era?…

Carlos quería acertar, así que pensó detenidamente la respuesta que suponía que Rick buscaba.

—¿Algún tipo de miedo?

—Eso es —sonrió el formador—. Larisa creyó que su conocimiento era inadecuado y que si tomaba una decisión en ese momento podría equivocarse fácilmente. Así que estaba paralizada por ese miedo. Y cualquier oferta que tú pudieras hacerle, sin importar lo estupenda que fuera, siempre iba a obtener una negativa porque para ella resultaba imposible decir sí a cualquier cosa mientras ella siguiese paralizada por ese miedo.

Carlos empezaba a comprenderlo.

—Ya veo.

—Cuando le he pedido que me ayudase a simplificar el folleto —Rick continuó con la explicación—, ella ha ganado confianza rápidamente al escucharse a sí misma repetir las características del producto sin ayuda. Así que hemos sido capaces de llegar a la fuente de las objeciones de Larisa: su miedo a quedar en evidencia como técnicamente incompetente. Y hemos gestionado esos miedos del único modo posible: haciendo que ella se demostrase a sí misma que ya sabía lo suficiente para tomar una decisión.

El vendedor movía afirmativamente la cabeza mostrando su acuerdo.

—Esto es parte de un modo más completo de pensar sobre las ventas —añadió Rick—. He condensado estas ideas en diez sencillas leyes. Apréndelas y te garantizo que no solamente te convertirás en un vendedor muy exitoso, sino que también te encantará lo que haces.

Carlos se daba cuenta de que eso suponía un mejor modo de enfocar su trabajo.

—Estoy impaciente.

—Con lo que acaba de suceder hoy —Rick le sonrió— has aprendido la séptima ley que tiene que ver con aprendices y maestros, pero también has aprendido la octava ley: los vendedores deben abordar las objeciones de sus clientes desde el origen de la objeción.

—Eso parece importante —respondió Carlos—. ¿Te importaría repetirla para que pueda anotarla?

Carlos tomó una hoja de papel y esto fue lo que escuchó y escribió:

LEY #8

LOS VENDEDORES DEBEN ABORDAR LAS OBJECIONES DE SUS CLIENTES EN EL ORIGEN DE LA OBJECIÓN.

Al separarse, Carlos dijo:

—Estoy empezando a pillarlo. ¡No se trata de mí! Realmente no importa si los clientes compran o no compran por mí. El objetivo es que compren. Muchas gracias por compartir esto.

—De nada —respondió Rick—. Estoy contento de poder ayudarte.

Se estrecharon las manos y tomaron caminos separados.

Martin dirigió su siguiente partido de sóftbol esa tarde, en el que Katya jugó de nuevo magníficamente. Desde el banquillo, se percató de que Marnie, la madre de su jugadora, seguía atentamente el juego. Entonces se decidió a experimentar con los principios de formación de Rick. Empezó a observar a Marnie mientras estaba pendiente de lo que pasaba en el terreno de juego y se dio cuenta de lo concentrada y auténticamente entusiasmada que estaba sobre cómo iba el partido. Basándose en sus observaciones dedujo que la actuación de su hija Katya y el éxito del equipo resultaban obviamente importantes para ella. Martin también se dio cuenta de que, a diferencia de otras madres, que únicamente estaban centradas en sus propias hijas, a Marnie le interesaba lo que hacía el equipo. Así que decidió entablar una conversación con ella sobre el equipo.

Después de finalizar el partido y de que las Robins hubieran logrado otra victoria, Martin se acercó rápidamente a Marnie antes de que su hija llegase.

—Los lanzamientos de Katya han mejorado mucho.

—¡Vaya si han mejorado! —le respondió Marnie—. He notado un gran cambio después de que trajeras a aquel entrenador.

—¿Te has dado cuenta de que en general también el equipo está jugando mucho mejor? —le preguntó Martin.

—Sí, desde luego, algunas de las chicas lo están haciendo mejor. Aunque me temo que otras todavía están con la depresión de esta temporada.

—Has hecho un buen trabajo apoyando a Katya en esos malos momentos —le dijo Martin—. ¿Se te ocurre algún consejo que creas que beneficiaría a sus compañeras de equipo?

Marnie se sintió verdaderamente contenta de que él mostrase interés en escuchar su opinión.

—Eh... ¡Gracias por preguntar! Pero necesitaré más tiempo para pensar exactamente en lo que quiero decirte.

Martin aprovechó la oportunidad.

—Bueno, quizá podamos reunirnos en algún momento para que puedas compartir tus observaciones. Y si quieres, podrías venir a hablar a un entrenamiento.

Marnie parecía encantada con la idea.

—Ya veremos, puede que no estés de acuerdo con lo que tengo que decir.

Él se lo tomó a broma.

—Estoy seguro de que cualquier cosa que tengas que decir será valiosa.

Luego Katya se acercó a saludarles y madre e hija se alejaron cogidas de la mano. Martin tomó nota de lo que veía: a Marnie le gusta cogerse de la mano.

7
Esta vez es personal
Aumentar la influencia

Rick recibió un mensaje de Sally que decía: «Hola Rick. He logrado concertar una reunión con una enfermera supervisora del Hospital General de la Esperanza. Se llama Zena. Se ha estado haciendo de rogar, así que le he sugerido una comida de trabajo, y está de acuerdo en celebrarla el lunes al mediodía. ¿Te va bien que nos encontremos en el vestíbulo a las doce menos cuarto?»

El lunes, Rick se encontró con Sally en el vestíbulo de Essentials. Enseguida, Sally estaba conduciendo y hablando mientras movía ambas manos. Rick, tensó el cinturón de seguridad por si acaso.

—Meg me ha ayudado —dijo Sally— y me ha dado la información de contacto de la responsable de formación de enfermeras, Zena.

—¿Tiene Zena alguna razón para reunirse con nosotros, aparte de una comida gratis? —quiso saber Rick.

—No, que yo sepa. A propósito, si no te importa, me gustaría llevar las riendas de este encuentro. Aunque quiero conocer tu opinión sobre mi presentación cuando hayamos terminado. Pero ya sabes cómo es esto, si estoy pensando en que vas a intervenir, me distraeré.

—No hay problema. Sé cómo se siente uno en esta situación... — respondió Rick.

—Gracias —dijo Sally, cuando de repente vio un coche que pensó que iba a cruzarse por delante e hizo sonar el claxon y le gritó al otro conductor—. ¡Eh, tío! —acto seguido volvió a dirigir de nuevo su atención a Rick y continuó—: Tengo que pasar a saludar a Meg. Quiero agradecerle que me haya dado el contacto de Zena y también comprobar el inventario de esparadrapos.

Rick todavía tenía los ojos muy abiertos, pero se mantuvo tranquilo y simplemente respondió:

—Sí, contactar con Meg es una buena idea —y Rick prosiguió—: A propósito, hay una cosa que te quiero decir. Ben me ha informado de probables cambios en la política del Departamento de Ventas debido al recorte de costes.

—¿Y? —respondió Sally algo nerviosa.

—Puede que ya no sea viable que los vendedores visitéis a los clientes con tanta frecuencia como lo habéis venido haciendo —le explicó Rick.

—¿Y qué haré durante el tiempo que dedicaba a las visitas?

—Todavía tendrás que hacer muchas visitas —le dijo Rick—. Lo único que ahora tendrás que hacerlas a un número mayor de clientes. Repetir visitas al mismo cliente ya no será tan frecuente.

—Entonces, ¿cómo podré mantener los clientes? —preguntó Sally—. Si no me ven con la misma frecuencia, puede que no se sientan tan conectados a nosotros.

—Tengo una idea que podría ayudar —respondió Rick—. Hablemos de ella después.

Rick y Sally llegaron al Hospital General de la Esperanza y se dirigieron hacia el despacho de Meg, que estaba trabajando. Sally se asomó. Meg estaba muy concentrada en algo cuando la sombra de Sally se proyectó en su escritorio y le hizo levantar la vista hacia la puerta.

—¡Sally! ¡Y Rick! ¡Qué sorpresa! Mirad chicos, no os esperaba, y estoy totalmente saturada.

—No hay problema —respondió Sally rápidamente—. En realidad hemos venido para llevar a Zena a comer fuera. Gracias por tu ayuda.

—De nada —respondió Meg—. Bueno, dispongo de un momento. Voy a comprobar el inventario de férulas y esparadrapos mientras estáis aquí —y tras mirar en el ordenador dijo—: Pues no, no necesitamos más férulas ni esparadrapos. Todos los Bactogone nuevos que recibimos están todavía aquí. Quizá sea por lo que cuestan… bueno, en cualquier caso, buena suerte con Zena.

—¿Te has dado cuenta de que Meg ha olvidado por completo por qué nuestro esparadrapo Bactogone es más caro? —le preguntó Rick a Sally mientras se dirigían a la oficina de Zena.

—Sí, me ha decepcionado que no le haya quedado grabada ninguna de sus ventajas. Podría habérselas recordado, pero no era el momento para hacer una exposición.

—Estoy de acuerdo.

Zena parecía no haber llegado a los cuarenta, muy joven para una enfermera jefe. Vestía una alegre bata estampada.

—Tenemos que darnos prisa —les dijo Zena—. Necesito estar de vuelta para una reunión en cuarenta y cinco minutos.

—Estaremos a tiempo —le aseguró Sally.

De camino al restaurante, Sally rompió el hielo hablando sobre el tráfico, comentando la nueva expansión que el hospital había planificado y exponiendo sus teorías de por qué los precios de la energía habían cambiado tan rápidamente. Zena mencionó que tenía una hija que iba a la escuela primaria local. Cuando llegaron al restaurante estaba abarrotado y había mucho ruido. Por suerte, Sally había hecho una reserva, así que se sentaron rápidamente.

Mientras miraban el menú, Sally le preguntó a Zena:

—¿Estás familiarizada con mi producto? Es la combinación antiséptica de férula y esparadrapo de Bactogone.

—Sí. Meg me dijo que lo había comprado y que te pondrías en contacto conmigo. He mirado su precio y, francamente, es el esparadrapo más caro que tenemos en el hospital. Los contadores nos están mirando con lupa.

—Tenéis el producto adecuado —respondió Sally—, pero el precio es realmente el mejor precio para esparadrapo de hospital. Déjame que te explique por qué…

Justamente entonces llegó el camarero. Preguntó qué querían beber, pero Zena dijo que tenían prisa y les consultó a Sally y a Rick si les parecía bien pedir la comida en ese mismo momento.

—Por supuesto, está bien —convino Sally.

Cuando el camarero se marchó, Sally continuó.

—Dado que no disponemos de mucho tiempo, ¿te parece bien si voy directamente a lo que quería decirte?

—Adelante.

Sally inició su bien preparado discurso. Primero expuso la historia del fabricante, cuyos datos mostraban su preocupación creciente sobre la transmisión de infecciones en el hospital. Entre bocado y bocado, describió el producto de férulas y esparadrapo con gran detalle. Zena parecía estar disfrutando de su almuerzo y, ocasionalmente, le hacía a Sally un gesto de asentimiento o un «ajá». Sally continuó como si los gestos de Zena le hubiesen animado. Habló de la investigación detrás del producto, de las concentraciones de ingredientes que utilizaba y de testimonios de clientes satisfechos. El camarero trajo la cuenta y Sally le entregó la tarjeta de crédito de la empresa. Rick no estaba seguro de si Sally había terminado con su presentación, pero no parecía que le importara. La comida terminó cuando Zena se puso en pie, ansiosa por llegar a tiempo a su próxima reunión. Rick y Sally captaron la indirecta y también se levantaron de la mesa dispuestos a marcharse. El camino de regreso al hospital fue corto y rápido. Zena les dio las gracias por la comida, les estrechó las manos y se marchó.

—He podido cubrir todo lo que quería decir en este poco tiempo —le dijo Sally a Rick durante el trayecto de regreso desde el hospital a Essentials.

—Me alegro de oír eso —le respondió Rick— ¿Crees que Zena va a formar a las enfermeras para que utilicen Bactogone?

—Eso espero —dijo Sally—. Debería hacerlo, después de todo lo que le he dicho.

—Yo también lo espero, pero realmente no sé si lo hará o no. El lunes podrías comprobar con Meg el inventario para ver si el esparadrapo ha disminuido durante el fin de semana.

—Esa es una buena idea. Te llamaré el lunes y te diré lo que Meg me haya contado.

Cuando llegó el lunes, Rick leyó en el buzón de entrada de su ordenador un correo de Sally que decía: «Hola, Rick: He hablado con Meg del inventario de esparadrapos. ¿Puedes llamarme cuando te sea posible, por favor?»

Rick descolgó el teléfono y la llamó.

—¡Hola, Sally! Soy Rick. He recibido tu mensaje.

—¡Hola, Rick! —respondió Sally—. Espero que hayas tenido un buen fin de semana. Esta mañana he hablado con Meg. Bactogone todavía sigue en las estanterías.

—Tengo una idea. Hablemos otra vez con Meg. Mañana tengo una cita con un doctor en el Hospital General de la Esperanza. Como ese es nuestro habitual punto de encuentro y está de camino a tu casa, quizá podríamos quedar allí después de mi reunión.

—Dime cuándo —repuso Sally—. Pero, solo por curiosidad, ¿qué tiene que ver tu reunión con un doctor con el hecho de hablar con Meg?

—Quiero que Meg sepa que ella no es la razón principal de que yo esté allí.

—¿Cómo? —Sally estaba desconcertada—. ¿Por qué hay que quitarle importancia al hecho de visitar a Meg? ¿No debemos mostrarle que estamos allí porque nos preocupamos por ella y hacemos un seguimiento?

—En realidad —dijo Rick—, si Meg pensase que mañana vamos al hospital solo para hablar con ella, me preocuparía que nuestra comunicación con ella fuera demasiado exteriorizada.

—¿Exteriorizada?

—Yo creo que todas las comunicaciones entre las personas se producen en una escala que va de lo externo a lo interno —prosiguió Rick.

—Vale... —dijo Sally, aunque estaba claro que no lo seguía.

—Como sabes —continuó él—, el objetivo de la venta es la compra. Esto implica para nosotros mirar todo desde la perspectiva del comprador. Cualquier cosa relacionada con el vendedor será externa al comprador. Así que si nosotros nos presentamos allí solo para verla, Meg va a defender su espacio y a sí misma frente a nuestra invasión. Todos sus sentimientos girarán en torno a nosotros, sobre las cosas externas que pasen en ese momento. No queremos que eso suceda porque su proceso de decisión es interno.

—Empiezo a entender lo que dices, la decisión está definitivamente en su espacio —respondió Sally.

Rick movió afirmativamente la cabeza.

—Pero nosotros queremos que la venta salga del interior de Meg. Así que lo ideal es pasar ante su puerta y seguir nuestro camino, pero haciéndonos ver. Por eso en lugar de interrumpir, solamente pasaremos por allí.

—¿No seremos plastas? —dudó Sally.

—En pocas palabras… sí —contestó Rick con una risita—. No queremos inclinar demasiado la balanza hacia lo externo, de hacerlo ella pensará que nuestro deseo de contactarle tiene más que ver con lo que nosotros queremos que con lo que ella quiere. Si eso sucede, su comportamiento será de evitación, y esa es una situación difícil de superar una vez que se presenta.

—Lo que siempre he oído en las clases de ventas es que los vendedores deben apropiarse de la comunicación con el cliente y hacer que piense como ellos —remarcó Sally—. Nunca he tenido un formador que me diga que me quite de en medio.

—Si te dijera lo que has oído siempre —replicó Rick—, entonces estaría haciéndote perder el tiempo. Me alegra darte algo nuevo en lo que pensar.

El martes a las once y media Rick se encontró con Sally, que ya le estaba esperando en el vestíbulo del hospital. Este la invitó a sentarse para preparar la conversación con Meg.

—Me gustaría utilizar esta reunión con Meg para cumplir la promesa que te hice —le dijo—. Hoy te enseñaré cómo mantener tus ventas, a pesar de las inminentes restricciones de visitas.

—De acuerdo —respondió Sally.

Rick se sacó del bolsillo de la camisa un sobre sellado y se lo entregó a Sally.

—No lo abras todavía. He escrito una nota que leeremos juntos cuando termine nuestra conversación con Meg.

—Suena misterioso —comentó la vendedora.

—No te preocupes. Al final, tendrá todo el sentido. Lo que no es un misterio es lo que nos gustaría lograr hoy. Quiero ver si hay algún modo de conseguir que Meg defienda nuestro Bactogone con las enfermeras. No me refiero únicamente a que vaya a hablar con ellas sino a lograr que ella interiorice la decisión de hacerlo.

—¿Cuál es la diferencia? —preguntó ella—. ¿Una decisión de compra no significa que hable con las enfermeras?

—No necesariamente —respondió Rick—, aunque es posible que de alguna forma la persuadamos para que hable con ellas, no es eso lo que realmente queremos. Queremos que Meg se comprometa a asegurarse de que esas enfermeras empiezan a utilizar el esparadrapo. Queremos saber que tomará la iniciativa de hacerlo sin necesidad de que intervengamos. Eso es lo que sucede cuando ella interioriza su decisión.

—Eso parece un verdadero desafío. ¿Tienes idea de cómo vas a hacer todo esto?

—No, no del todo —dijo el formador—. No es posible planificar el proceso de compra interno que tiene que hacer un cliente. Planificarlo significaría que para Meg no sería interno. Los clientes necesitan responsabilizarse de sus decisiones y ese es un proceso que tiene lugar en su cabeza. Yo no tendré acceso a él, mi trabajo será más bien de apoyo. Pienso en ello más como algo «sin plan».

—¿Así que vas a conseguir lograr todo esto improvisando? —preguntó Sally.

—Básicamente, sí. Sin embargo, puedo anticiparte que tengo pensado no interferir en su proceso de compra interno. Solamente voy a dejar que la compra suceda.

—Eso parece muy obvio —comentó Sally—. ¿Qué vendedor querría interferir en la compra de Meg?

—Las interferencias de los vendedores son más comunes de lo que piensas —remarcó Rick—. Mi padre era agricultor y una de las cosas que me decía era que el potencial de toda una granja se encontraba únicamente en el interior de una semilla. Lo que se requiere del agricultor es su apoyo en forma de tierra, sol y agua. Todo lo demás debe provenir de la semilla y del tiempo. El potencial de Meg para defender Bactogone también está dentro de ella, pero necesita descubrirlo y cultivarlo.

—Entiendo la teoría —asintió Sally—, ahora realmente me gustaría verte llevarlo a la práctica.

—Bueno, pues vamos a ello.

Ambos se dirigieron al despacho de Meg, quien precisamente regresaba en ese momento con una taza de café en la mano.

—¡Hola, Meg! —saludó Rick—. Estaba visitando al doctor Ursaley en el piso de arriba y como el Hospital de la Esperanza es nuestro punto de encuentro habitual, hemos pensado en pasar a saludarte.

—¡Ah, hola! —respondió Meg—. ¿Conoces al doctor Ursaley? Es un tipo muy amable, ¿verdad?

—Sí, sí que lo es. Me he dado cuenta de que este hospital está lleno de grandes profesionales. Debe ser un lugar muy gratificante para trabajar.

—Gracias. Es cierto —dijo Meg—. Uno de los aspectos más interesantes de trabajar en el Hospital General es poder trabajar con tanta gente buena. Estos magníficos doctores hacen que el paquete de ventajas médicas que ofrecen aquí sea todavía más valioso. Yo aprovecho plenamente esas ventajas, porque mi hijo necesita una intervención menor aquí cada mes.

—¡Vaya! ¿Cada mes? —exclamó Rick—. Sé que este es uno de los mejores hospitales al que podría ir, pero a veces debes estar preocupada.

—Tengo que admitir que me preocupa que todo vaya bien. Nadie puede estar ciento por ciento seguro de nada cuando va a un hospital.

—Eso es cierto —siguió Rick tomando un riesgo calculado—. Siempre existe un inquietante sentimiento de riesgo, ¿verdad? ¿Qué crees que es lo que más preocupa a los padres cuando traen a sus hijos aquí?

—Yo diría —contestó ella tras pensárselo un momento— que la preocupación número uno hoy en día son las infecciones hospitalarias.

Eso era un bingo para Rick, pero no se le notó nada, no dijo nada y ni siquiera se movió.

—Las probabilidades de que eso suceda son bajas, por supuesto —continuó Meg—, pero ocasionalmente ocurren. El hospital forma a todos los empleados para que adopten precauciones. Pensando en ello, esa es una de las razones por las que compré vuestro esparadrapo, Bactogone. A propósito, ¿cómo fue la reunión con Zena?

—Es difícil de decir —respondió Rick—. Sally le explicó muy bien el por qué el esparadrapo ayudará al Hospital General a reducir las infecciones, pero no puedo decir que Zena lo asimilase totalmente. Estaba bastante presionada por el tiempo.

—Resulta frustrante que aquí algunas cosas importantes parezcan tomar tanto tiempo antes de que se implementen —dijo Meg dirigiéndose a los dos.

—¿Qué es lo que crees que causa los mayores retrasos aquí? —preguntó Rick.

—No lo sé —respondió ella—, pero Zena tiene una reunión con las enfermeras esta semana. Puedo pasarme por allí y ver cómo va. Es una buena oportunidad para que el personal sepa que en compras también tenemos en mente los mejores intereses para el paciente.

—¿Qué puntos piensas que son los más importantes para el personal de enfermería? —le preguntó Rick.

—Bueno, sé que a ellas mismas les preocupa contraer infecciones —respondió—. Desde luego, Bactogone ayudaría en eso. Y la reputación del Hospital General está en juego con ese asunto. Los pacientes evitarían nuestro hospital si tuviese un alto índice de infecciones.

—¿Crees que ya estarán utilizando el nuevo esparadrapo cuando tu hijo venga al hospital de nuevo? —preguntó Rick.

—Te lo puedo asegurar —respondió Meg con firmeza.

En el camino de regreso, Sally estaba entusiasmada.

—¡Eso estuvo genial, Rick! Fue justamente según el plan, bueno, quiero decir, según el «no plan» —terminó la frase con una risa ahogada.

—En realidad, prácticamente no hice nada —respondió.

—Ella llegó a algunos argumentos de venta importantes —dijo Sally.

—¿No es eso lo ideal? —preguntó Rick con una sonrisa—. Cuando tu cliente llega a grandes razones para comprar, sencillamente no hay nada mejor.

—Como vendedora —dijo Sally— siempre me han enseñado a ser tan proactiva como fuese posible. Tú eres el primer formador que sugiere otra cosa.

—Mi padre comentaba que, aunque el arroz crezca en el agua, no puedes simplemente lanzar los granos a un río porque el impulso de la corriente del río impedirá que los granos de arroz echen raíces.

—Ajá... —Sally se estaba preguntando adónde conduciría eso.

Pero Rick sabía adónde se dirigía.

—La decisión de Meg de defender nuestro esparadrapo ante las enfermeras fue como un grano de arroz. Nosotros tuvimos cuidado en plantarlo en un ambiente apropiado de manera que pudiera echar raíces. Me aseguré de que ella supiese que estaba allí para ver al doctor y no para verla a ella, lo que impidió que su mente se acelerase antes de que abordásemos el asunto del esparadrapo. Si Meg hubiese pensado que habíamos hecho un viaje especial solamente para verla a ella, hubiera supuesto que era por el esparadrapo. Entonces su proceso de pensamiento hubiese continuado con lo de que ya tenía suficiente esparadrapo y que no necesitaba hablar con nosotros. Y así, cuando hubiésemos llegado, su decisión habría desarrollado un impulso tal que cualquier mención al esparadrapo se habría encontrado con una sólida resistencia. Después de un momento, Rick continuó—: Quizá comparo con tanta frecuencia a las plantas con las ventas porque me gustaría que el dinero creciese en los árboles.

—Gracias por aclararme eso, Rick —comentó Sally con una sonrisa. Luego pensó unos instantes y añadió—: Vale, ya veo lo que quieres decir. Oye, ¿puedo abrir el sobre que me diste?

—Por supuesto, ábrelo.

Sally abrió el sobre que Rick le había entregado anteriormente. Contenía la lista de muchas de las ventajas del producto a las que Meg había llegado por sí misma: más eficaz en la prevención de infecciones, protege a las enfermeras y al personal, y está en existencias.

—Todos los argumentos de venta que queríamos cubrir han salido e incluso ella ha mencionado alguno más. Lo más importante es que venían de ella, no de nosotros.

Cuando llegaron a la oficina Sally le dijo:

—Esta formación ha sido genial. Me doy cuenta de que es posible incrementar las ventas de un cliente sin tener que visitarle tanto. Únicamente tengo que conservar ese objetivo en mente durante la presentación.

—Sí, eso es —respondió Rick—. No tienes que preocuparte en absoluto por los cambios de política. Yo también estoy disponible para ayudarte.

El equipo de sóftbol de Martin estaba en la fase final. Las Robins llevaban una cómoda delantera. Él de vez en cuando echaba un vistazo a Marnie, pero ella estaba concentrada en el partido. No se había puesto en contacto con Martin para contarle sus ideas como habían quedado en su conversación anterior. Él había esperado que ella les dijese algo a las compañeras de equipo de Katya para que pudieran beneficiarse de lo que fuera que había conducido a la repentina mejora de Katya. Hubiera sido típico de Martin acercarse a Marnie y sacar el tema diciéndole algo como: «Pensaba que me ibas a hacer saber qué consejo te gustaría darle al equipo». Pero en lugar de eso, decidió aplicar la sabiduría de Rick a la situación.

El hecho era que Martin sabía que necesitaba cambiar algo para conseguir una cita. Ninguna mujer por la que se había interesado había mostrado interés en él. La pauta que seguía era bastante consistente: Martin encontraba a una mujer soltera que le gustaba, le pedía salir juntos para tomar algo o a cenar. Las dos primeras citas parecía que todo iba bien, pero entonces, cuando empezaba a llamarla de manera habitual, la mujer comenzaba a evitarle. Él lo notaba cada vez que empezaba a pasar. Y cuando intentaba darle más espacio, siempre parecía que ella ya lo tenía decidido y sencillamente no iba a pasar nada.

Escuchando a Rick Martin empezó a darse cuenta de que quizás estaba siendo demasiado proactivo. Pensó en lo que decía el padre de Rick de que un agricultor no puede tirar de una planta para hacerla crecer. Tal vez desarrollar una atracción recíproca era un proceso natural, igual que la compra y él quizás estaba intentando tirar de una planta que necesitaba crecer a su propio ritmo.

Quizá.

Cuando el partido terminó, Martin se acercó a Marnie. En esta ocasión decidió olvidarse de cualquier idea preconcebida. Simplemente la saludaría y dejaría que la conversación fuese a donde quisiera ir.

—¡Hola, Marnie! Muy buen partido, ¿verdad?

—Supongo —Marnie no estaba tan segura—. Pero el otro equipo ha cometido muchos errores.

—Sí, es cierto. Han jugado como si estuviesen bajo mucha presión. Cuando Katya está acertada, como hoy, es difícil que consigan alguna carrera de ella…

—Eso es verdad —respondió Marnie—. Lo que pone la presión en Katya, que se siente responsable de todo el equipo, como si lo cargara todo sobre sus hombros —se dio la vuelta y miró directamente a Martin—. ¿Sabes? Ella juega a sóftbol en cualquier oportunidad que tiene. Ojalá estuviese tan motivada en el colegio. Tiene que entregar un gran proyecto de inglés la semana que viene y ni siquiera lo ha empezado.

Martin se preguntó qué podía hacer para ayudar.

—¿Crees que Katya se concentraría más en el trabajo del colegio si pensase que el equipo no depende tanto de ella?

—Sin duda, pero en lo que ella es buena es con los lanzamientos.

—¿De qué va el proyecto de inglés de Katya? —Martin cambió de tema.

—Tiene que elegir una cualidad que tengan las personas de éxito y escribir sobre ella. Sus ejemplos tienen que provenir de la experiencia cotidiana.

Una bombilla se encendió en la cabeza de Martin.

—Puede que se interesara más si el proyecto se relacionara con el sóftbol.

Martin había conseguido ahora toda la atención de Marnie.

—Eso parece interesante. ¿Como qué…?

—No lo sé — respondió Martin—. Quizá podría escribir sobre el trabajo en equipo. Sobre que una persona no puede asumir la carga de todos.

—Mmm.

—Por mi trabajo yo sé algo sobre trabajar en equipo —dijo Martin—. Quizá podría ayudarle.

—Te lo agradecería mucho —le respondió Marnie—. ¿Por qué no quedamos para vernos los tres, sin que se note que es por ella, y nosotros dejamos más o menos que ella tenga esa idea del trabajo en equipo?

—¿Comemos el sábado?

—Quedemos en la Pizzería Judy —respondió Marnie—. Tienen un espacio en la parte de atrás que es bastante tranquilo.

—Estupendo. Os veré a las dos allí el sábado al mediodía.

—Genial —respondió Marnie dedicándole una amplia y cálida sonrisa mientras se marchaba.

Martin pensó en sí mismo.

—No podría haber ido mejor si lo hubiera intentado. De hecho, ha ido mucho mejor que si lo hubiese intentado.

8

No puedo escuchar mi propio pensamiento

Las tres ces para decisiones de compra exitosas

Martin abordó a Rick en la cafetería.

—Rick, ¿podemos hablar?

—¿Qué pasa?

—¿Sería posible que le dedicaras un poco de tiempo otra vez a Carlos?

—Creo que puedo organizármelo. ¿Cuál es el problema?

—Estoy seguro de que hiciste lo que pudiste con él en el tiempo que tenías —le dijo Martin—, pero no creo que todo lo que le dijiste haya calado todavía.

—¿Síntomas? —preguntó Rick.

—Quejas de los clientes. Dicen que sigue presionando y que es demasiado autoritario.

—Definitivamente, necesitamos cortar ese problema de raíz —replicó Rick—. No podemos permitirnos recibir comentarios negativos en la web —continuó—. Además, otra sesión con Carlos podría ayudarme a probar algo en lo que he estado trabajando. Acepté tu sugerencia en el partido de sóftbol.

Martin había olvidado su sugerencia.

—¿Cuál fue...?

Rick no se sorprendió.

—Era sobre el modo de vender. Me sugeriste que lo redujera a un sistema sencillo para que pudieras explicar mi método de formación en tus informes para los inversores. Me gustaría probar mi sistema con Carlos.

—Suena bien —replicó Martin—. ¿Puedo asistir a tu formación con Carlos? Eso me permitiría después reforzar tus sugerencias.

—Quizá lo más efectivo para nosotros —sugirió Rick— sería hablar con él por la mañana y luego acompañarle a una visita de ventas por la tarde.

Carlos y Martin ya estaban sentados y hablando cuando Rick entró en el despacho de Martin el jueves por la mañana. Rick tuvo la sensación de que había interrumpido una conversación bastante intensa. Carlos parecía apagado, como si le acabasen de echar la bronca.

Rick trató de saludarles como si no pasara nada. Se volvió hacia Carlos diciendo:

—Le comenté a Martin que he organizado de manera sencilla mi método de formación en ventas.

—Cuando oí eso —intervino Martin—, le pregunté a Rick si estaba dispuesto a explicártelo.

—Claro —replicó Carlos—. ¿Qué daño puede hacer?

Carlos se levantó y fue al dispensador de agua ubicado al otro lado de la puerta del despacho de Martin. Todavía parecía un poco afectado y había utilizado la interrupción de ir a por agua para recomponerse. Tanto Rick como Martin percibieron que le hubiera sido más fácil servirse un vaso de la jarra que había en la mesa de Martin.

Una vez Carlos se sentó de nuevo, Rick le dijo:

—También me gustaría ir contigo a la cita que tienes a las once y media para poder probarlo.

—Haré lo que pueda.

—Vale —respondió Rick—. Para ayudar a Martin, revisaré algunas cosas que ocurrieron en nuestra visita anterior con Larisa —y volviéndose hacia Martin le explicó—: Carlos hizo una presentación excelente del nuevo modelo de termómetro Q1016. Durante la conversación descubrimos que esa tecnología intimida a Larisa, y también que se espera de ella que justifique su decisión de compra ante los ingenieros, lo cual hace que la nueva tecnología la asuste todavía más. A los ingenieros les gusta hacerle preguntas para pillarla y eso hace que se sienta incompetente. Por eso es reacia a comprar cualquier nueva tecnología electrónica que no entienda completamente. Conseguimos la venta solo después de que ella se sintiera segura de que lo entendía y de que tenía capacidad para explicárselo a los ingenieros.

Rick se volvió hacia Carlos.

—Lo que observamos es que Larisa llegó a su confianza internamente. En otras palabras, no necesitamos convencerla de ello. Lo supo porque se escuchó a sí misma comentando detalles técnicos del producto. Ya sé que hablamos de esto después de aquella visita, solo quiero establecer contigo el contexto porque tengo una nueva manera de explicarlo.

—De acuerdo, soy todo oídos —dijo Carlos.

—Utilicemos como ejemplo este vaso de agua que tienes en las manos —le dijo Rick—. La cantidad de agua que vas a beber está determinada externamente por la cantidad de agua que puede contener tu vaso. Si bebieras de la jarra de agua que está en la mesa de Martin, como es más de la que podrías acabarte, la cantidad que beberías estaría determinada internamente, es decir, estaría determinada por tu necesidad de agua.

—Hasta ahora bien —comentó Carlos.

—Podemos mirar al proceso de compra de Larisa de la misma manera. Si hubiéramos sugerido lo que sabía o necesitaba saber, su confianza hubiera venido de fuera, como el vaso de agua. En lugar de eso, su confianza vino de dentro, como la jarra de agua, porque ella misma comentó los detalles del producto que ya conocía. Cuando su confianza en sí misma estuvo satisfecha, tomó la decisión de comprar. Es como dejar de beber cuando la sed se ha saciado.

—Interesante —dijo Carlos reflexionando sobre ello—. Es una buena analogía. Cuando volvíamos de aquella cita me enseñaste que la toma de decisiones es un proceso interno.

—Sí, es verdad —replicó Rick—. Lo nuevo es que he elaborado tres sencillos requisitos para las buenas decisiones de compra.

—Tres está bien —dijo Carlos—. Podrían ayudarme a aprender tu método un poco más rápido… —Carlos miró de reojo a Martin y volvió a centrar su atención en Rick.

—Magnífico —repuso Rick—. Lo llamo «las tres ces» de las decisiones de compra. Los clientes toman las mejores decisiones de compra cuando tienen un nivel alto en estas tres ces. Larisa compró porque al final de nuestra conversación tenía una cantidad suficiente de las tres ces, que son: Confianza, Capacidad de elección y Claridad.

Martin sacó papel y bolígrafo y empezó a tomar notas de lo que estaba diciendo Rick.

—Lo primero que necesitas saber sobre estas tres ces —continuó— es que todas son internas. Esto es así porque la toma de decisión es interna. Por tanto, una descripción más precisa de las tres ces sería Confianza interna, Capacidad interna de elegir y Claridad interna.

Martin escribió en su cuaderno de notas:

LEY #9

LOS CLIENTES TOMAN SUS MEJORES DECISIONES DE COMPRA CUANDO TIENEN LOS NIVELES MÁS ALTOS EN LAS TRES CES: CONFIANZA INTERNA, CAPACIDAD INTERNA DE ELEGIR Y CLARIDAD INTERNA.

—Veo que Larisa ganó en confianza. ¿Era confianza interna o externa? — preguntó Carlos—: ¿Hay alguna diferencia?

—Sí, la confianza externa es la confianza que el cliente tiene en el vendedor. Pero la confianza interna de Larisa era su confianza en sí misma como decisora —Rick divagó un momento—. Los vendedores de la vieja escuela te dirán que lo primero que intentan conseguir es la confianza de sus clientes. Así que están haciendo de la confianza externa su principal meta. ¿Van a llegar muy lejos?

—Pienso que es la mitad de la historia —respondió Carlos.

—Ni siquiera la mitad. Una venta no puede ocurrir sin confianza interna. Los clientes que no se sienten seguros de su capacidad para tomar buenas decisiones de compra, simplemente no compran. Por el mismo motivo, los vendedores no pueden conseguir que los clientes confíen en ellos sin que primero estos confíen en sí mismos para decidir si pueden confiar en su vendedor.

—Acláramelo una cosa —interrumpió Martin—. ¿Hay algo malo en que un cliente compre porque confía en el vendedor?

—No hay nada malo en ello —replicó Rick—. Toda la confianza del mundo es buena. Sería maravilloso si todo el mundo pudiera confiar en todo el mundo. Pero esa no es la clave.

—¿La clave? —dijo Martin burlonamente.

—Igual que la clave de la venta es la compra —sonrió Rick—. Una buena compra es un proceso interno para el comprador.

Martin lo entendió.

—Ajá.

—El «efecto Oh-Oh» —Rick continuó— viene de una baja autoconfianza. Así que, Carlos, ¿cuál era el Oh-Oh de Larisa?

—El Oh-Oh de Larisa era ser criticada por los ingenieros.

—¡Exactamente! —exclamó Rick—. Ese Oh-Oh desapareció cuando su propósito fue decirnos cómo mejorar los manuales. Estaba más relajada porque de repente éramos nosotros los que estábamos en el punto de mira. Había invertido los papeles. Su falta de comprensión la hizo una experta en decirnos cómo podíamos mejorar el manual. Y eliminar el Oh-Oh le permitió relajarse y comentar más sobre los termómetros de lo que ella hubiera pensado que podía. —Y le preguntó a Carlos—: ¿Con qué sentimiento conectó Larisa cuando ganó confianza?

—¿Su sentimiento de orgullo de hablar con los ingenieros de un nuevo producto?

—¡Bingo! —exclamó Rick—. Al final de nuestra conversación parecía ilusionada por presentarles algo nuevo. Fue un buen ejemplo de cómo la confianza interna permite a los sentimientos jugar un mayor papel en la toma de decisiones.

»A continuación —Rick continuó— hablaré de la capacidad interna de elección, que es la segunda de mis tres ces. Empecemos contrastando la capacidad de elegir interna con la externa. Un buen ejemplo de capacidad de elección externa es cuando los vendedores intentan hablar con la persona de mayor jerarquía de la organización.

—Esa es una ley básica en las ventas —interrumpió Martin—. Se supone que todos deben hacerlo.

—Es verdad —añadió Carlos—, yo he oído eso en todos los cursos de ventas a los que he ido.

—Pero piénsalo —dijo Rick—. Se basa en la suposición de que quien sea que tenga la máxima posición en la organización tendrá la máxima capacidad de decisión, ¿no?

—Sí, claro —dijeron al unísono Carlos y Martin.

—Mirad, chicos —prosiguió—, en realidad ese no es siempre el caso. Durante una conversación con el directivo de más alto rango te puedes encontrar con que siente que su capacidad para elegir es muy limitada. Y puede sentirse incapaz de elegir porque el Consejo de Administración le ha impuesto limitaciones, por accionistas insatisfechos o por normativas restrictivas. Un alto ejecutivo puede tener muchísima capacidad de elección externa y, sin embargo, falta de capacidad de elección interna. La falta de capacidad de elección interna es un gran obstáculo para comprar. Basándonos en lo que he dicho, ¿fue la capacidad de elección interna un factor durante nuestra reunión con Larisa? —le preguntó Rick a Carlos.

—Probablemente lo fue —respondió el vendedor—. No vio la compra del Q1016 como una opción hasta que su Oh-Oh desapareció.

Rick asintió.

—La mayor interferencia a la capacidad interna de elección son las creencias limitantes. La creencia limitante de Larisa era que solo podía comprar productos que pudiera explicar a los ingenieros. Esta creencia limitaba terriblemente su capacidad para elegir un nuevo termómetro, incluso pensando que era claramente mejor.

—Mmm. Eso es interesante —interrumpió Martin—. Imagino que su creencia también crea limitaciones autoimpuestas en otras decisiones de compra.

Carlos miró a Rick y preguntó:

—¿Quizá también sacará provecho de nuestra visita cuando esté comprando otros productos?

—Yo diría que sí —contestó el formador—. Tal vez ahora vea que al esforzarse por evitar la crítica podría estar perdiéndose buenas oportunidades. En mi opinión, uno de los mayores regalos que un vendedor puede ofrecer a sus clientes es ayudar con la toma de decisión misma. Como vendedores, una gran parte de nuestra contribución es eliminar interferencias a la buena toma de decisiones, tales como dudas de sí mismo y creencias autolimitantes.

—Nunca antes había mirado a la profesión de ventas de esa manera —respondió Carlos—. Este tema interno hace parecer mi trabajo mucho más gratificante. ¿Cómo identificaré a los clientes que no crean tener muchas opciones?

—Buena pregunta —Rick fue rápido respondiendo—. Un indicador de un cliente con baja capacidad de decisión es que le gusta el producto y lo quiere, pero no lo compra. Este puede ser el tipo de cliente más frustrante para un vendedor. No podemos entender por qué el cliente no adquiere algo cuando está de acuerdo en que es un buen producto y le encaja con su necesidad. Los vendedores acaban desperdiciando mucho tiempo y esfuerzo tratando de persuadir a estos clientes para que compren porque no entienden el papel tan crítico que juega en la toma de decisión la capacidad interna de elegir.

Carlos estaba repasando un montón de cosas.

—¡Vaya!

—¿Cómo se relaciona eso con la técnica de «opción cerrada» que he oído a los vendedores? —Martin le preguntó a Rick.

—Recuerdo la opción cerrada de la escuela de ventas —intervino Carlos—. Decían que tomar decisiones suena más como dar opciones. En lugar de preguntar: ¿quieres comprar esto hoy?, tenías que hacerlo parecer como una elección diciendo: ¿quieres comprar hoy el tamaño normal o el económico? ¿Es eso una opción real?

—La técnica de la opción cerrada tiene relación con lo que he dicho acerca de la importancia de la capacidad de elección —explicó Rick—. Los clientes tienen una atracción natural hacia las decisiones que proporcionan más opciones y evitarán tomar decisiones para las que tengan menos opciones.

—Espera un momento —dijo Martin—. No estoy seguro de eso. He observado a clientes que actúan de forma opuesta, aplazando la decisión indefinidamente porque tenían demasiadas opciones. Solo le daban vueltas.

—Es un punto excelente —replicó Rick—, y el enlace perfecto a la ce final que es la Claridad interna. Las tres ces se apoyan mutuamente. La claridad interna apoya la capacidad de elección interna para motivar a los clientes. Primero explicaré lo que es la claridad interna contrastándola con la externa. Algunos buenos ejemplos de claridad externa son las características y las especificaciones técnicas del producto. Son herramientas extremadamente útiles para describir detalles de los productos a los clientes. Otro ejemplo de claridad externa son las condiciones de compra y de entrega. Los clientes necesitan tener claro lo que pueden esperar de la compra de un producto.

—Todas esas cosas me parecen esenciales —apuntó Martin.

—Sí, de acuerdo. La claridad externa es indudablemente importante. Pero no es un sustituto de la claridad interna.

Rick fue a la pizarra y escribió: «Lo que la decisión de compra representa para el cliente».

—Esta es mi definición de claridad interna: se da cuando el cliente entiende el valor y la importancia de su decisión de compra. Por ejemplo, si un cliente quiere ser el campeón de su club de tenis, comprar una raqueta representa dar un paso hacia esa meta. Todos los sentimientos asociados a ser campeón del club, tales como logro y satisfacción, también estarán asociados al acto de comprar una raqueta. Cuando los clientes son conscientes de lo que representa para ellos la decisión de compra, tienen claridad interna.

—Así que estás diciendo —comentó el joven vendedor— que el cliente de ese club tiene claridad interna si es consciente del logro y de la satisfacción que sentirá al tener una raqueta que le ayude a ganar el campeonato del club.

—Sí, es cierto. Está motivado y comprar la raqueta representa un paso en un importante camino por recorrer.

—Me di cuenta de que tu propuesta de compra a Larisa estaba relacionada con justificar su decisión a la dirección —reflexionó Carlos en voz alta.

—Exactamente. Mi propuesta de compra, o el cierre de la venta, tenía que ver sobre su claridad interna, no sobre el termómetro Q1016 en sí mismo. Solo la ayudé a cerrar cuando se vio capaz de justificar la compra de un producto técnico ante su dirección. Larisa encontró otro punto adicional de claridad por sí misma al plantear lo satisfechos que estarían los ingenieros de disponer del modelo electrónico más novedoso.

Carlos miró a Martin.

—Sí, la reunión cambió completamente cuando Larisa conectó con su nerviosismo por enfrentarse a la dirección y los ingenieros. ¡Fue increíble!

—Es verdad —afirmó Rick—. Simplemente hablándole de la claridad externa, la que representaba la superioridad técnica del termómetro y el buen precio, no iba a llegar a una decisión de compra. Yo necesitaba descubrir cuáles eran las dudas subyacentes sobre sí misma, y estas se desvanecieron cuando tuvo clara su capacidad para comunicar las características técnicas del termómetro. Una vez que ocurrió esto, pudo conectar con el orgullo que iba a sentir cuando se lo explicara a los ingenieros.

—Si las dudas sobre sí misma interfieren en la confianza y las creencias autolimitantes interfieren en la capacidad de elegir, ¿qué interfiere en la claridad?— preguntó Carlos

Martin estaba encantado de que Carlos formulase una pregunta tan buena.

—La falta de autoconsciencia impide la claridad interna. Los clientes carecen de ella cuando ignoran lo que significa para ellos comprar el producto. En otras palabras, los clientes deben saber qué deseos y necesidades satisfará el producto para ellos. Las palabras clave son «para ellos». El mismo producto puede satisfacer necesidades diferentes en clientes distintos. Es bueno que el vendedor sepa cuáles son las necesidades de otras personas, pero para que los clientes compren es esencial que ellos conozcan sus propias necesidades. Si un cliente no conoce sus propias necesidades, ¿cómo puede determinar si el producto del vendedor las satisfará? Esa es la esencia de la claridad interna.

—¿Cuáles son los obstáculos más comunes que te has encontrado para que los clientes alcancen esa claridad interna? —preguntó de nuevo el joven vendedor.

—Los clientes no podrán saber lo que para ellos representan las características del producto si no pueden relacionarlas con las necesidades existentes. Y tienen más probabilidades de tener claridad sobre sus necesidades si tienen claridad sobre sus metas.

—Sin estrategia, sin objetivos, no hay claridad —observó Martin.

Rick asintió con la cabeza.

—¿Os habéis dado cuenta alguna vez de lo difícil que es vender algo a alguien que no tiene claro lo que está tratando de conseguir?

—Es como darse cabezazos contra la pared —replicó Carlos.

Martin sofocó una risa.

—A lo largo de los años he tratado con empleados que encajan en esa descripción.

—Otro tipo de cliente con obstáculos para tener claridad interna es el distraído —siguió Rick—. Podría estar todo el día nombrando cosas que potencialmente pueden distraer a un cliente de la claridad. Por ejemplo, las dudas sobre sí mismo que interfieren con la confianza interna y las creencias autolimitantes que interfieren con la capacidad interna de elegir, ambas son distracciones. Estos pensamientos desvían la atención del cliente de sus deseos y necesidades. Basta decir que si un cliente no está en contacto con sus deseos y necesidades, probablemente está distraído por algo.

Martin estaba impresionado por la concentración e implicación de su sobrino con Rick y sonrió abiertamente cuando Carlos preguntó:

—¿Cómo sugieres que capte la atención de un cliente distraído?

—Lo primero es recordar que cualquiera que sea la distracción, resulta irrelevante para la decisión de compra —le respondió el formador—. Cuando un cliente presta atención a sus metas, deseos y necesidades, la distracción desaparece, sin importar cuál sea esta. También es más importante para el cliente prestarse atención a sí mismo que al vendedor. Los clientes deben conectar con sus metas, deseos y necesidades. Por eso un vendedor dominante puede ser una distracción tan grande como cualquier otra cosa.

—Entonces, ¿cómo decido a qué tienen que prestar atención los clientes? —preguntó Carlos.

—Pienso que los sentimientos del cliente son una excelente fuente de claridad interna. He mencionado antes que cualquier decisión está basada en último término en un sentimiento subyacente. Una vez que el cliente conecta con cómo se sentirá cuando tenga el producto, tiene claro su valor.

—¿A qué sentimientos tuvo acceso Larisa durante nuestra visita? —volvió a preguntar.

—Al orgullo —respondió Rick—. Eso es lo que sintió cuando vio que podía explicar el Q1016. No conseguimos la venta por las nuevas características del termómetro, sino por lo que esas características representaron para Larisa.

—Solo porque alguien tenga muchas opciones no quiere decir que tome una decisión —aportó Martin—. De hecho, lo contrario puede ser verdad. Por ejemplo, algunos niños ricos no están motivados porque ya lo tienen todo.

—Sí, eso es muy cierto —dijo el formador—. La capacidad de elegir por sí sola no hubiese motivado a Larisa, la claridad también era necesaria y esta tomó la forma de orgullo por la complacencia de su cometido en ese trabajo. Una vez que ella conectó con sus sentimientos, se motivó para satisfacerlos mediante la compra. Así es como la claridad funcionó junto a la capacidad de elección.

Martin estaba impresionado con lo relajado y centrado que estaba Rick. Incluso sabiendo que su puesto de trabajo estaba cuestionado en Essentials, brindaba todas aquellas joyas, que iba creando a medida que avanzaba.

Carlos conducía hacia la cita acompañado de Rick.

—¿Qué puedes decirme del cliente que vamos a ver? —le preguntó el formador.

—Es una compañía de distribución por catálogo —le respondió—. El comprador con el que hablaremos es Anton. Es relativamente nuevo. Algunos de nuestros termómetros ya están en el catálogo de la compañía, pero sus ventas con nosotros se han ralentizado. Quizás el nuevo termómetro Q1016 serviría para cambiar las cosas.

Llegaron a la cita y antes de salir del coche, Carlos se volvió hacia Rick y le dijo:

—Si no te importa, déjame empezar la conversación. Él me conoce y yo he concertado la cita. Tú intervienes cuando creas que puedes ayudar.

—Claro —sonrió Rick.

Salieron del coche y se encaminaron al despacho de Anton. Carlos había recuperado el empuje en cuanto se alejó de su tío Martin. Una vez más, Carlos iba varios pasos por delante de Rick. La oficina estaba en un edificio de ladrillos rojos que parecía como si anteriormente hubiera sido una escuela, y el almacén en la parte de atrás donde estaban los camiones parecía como el gimnasio de la escuela.

Cuando Anton abrió la puerta, Rick hizo unas anotaciones mentales sobre él: más bajo que ellos dos y con el cabello muy corto. Chaqueta negra, pantalones con la raya muy marcada, camisa blanca y una corbata negra estrecha que llevaba algo apretada.

Carlos se arrancó directamente a hablar.

—Gracias Anton por aceptar que nos veamos hoy. Aquí Rick, el gurú de ventas de nuestra compañía, así que ve con cuidado.

—Encantado de conocerte, Rick —respondió Anton estrechándole la mano.

—He estado mirando vuestro historial de ventas. Parece que necesitamos animar un poco la sección de termómetros de vuestro catálogo —siguió Carlos.

—Muy bien — replicó Anton con cautela.

—Essentials ha sacado un nuevo modelo de termómetro, el Q1016 —expuso el joven vendedor—. Puede soportar cualquier tipo de esterilización sin perder precisión y tiene el doble de vida útil que el modelo actual de vuestro catálogo, el P829.

Anton se sentó junto a su mesa y abrió el portátil. Parecía tranquilo e interesado, mientras escribía las especificaciones que Carlos seguía explicando sobre el Q1016.

—Suena interesante. ¿Cuál es el precio? —preguntó finalmente.

—Ahora mismo estáis pagando 24,99 euros por cada unidad del P829. Te puedo conseguir seis cajas del Q1016 por solo 29,99 euros la unidad.

Anton miró a Carlos por encima de su portátil y replicó:

—Suena bien. Soy bastante nuevo aquí así que la dirección revisa mis pedidos antes de que pueda liberarlos. Le transmitiré esta información a la dirección y ya te diré lo que deciden.

Carlos miró de soslayo a Rick, que supo que era la señal para que interviniera.

—Pareces controlar bien la posición de compras para ser tan nuevo —le dijo Rick.

—Gracias, pero no sé si soy tan nuevo ya. Cumpliré mi primer año trabajando aquí a finales del mes que viene —contestó Anton con humildad.

—¿Cómo sabe la dirección cuándo es el momento de agilizar las compras dejándote hacer los pedidos directamente? —le preguntó Rick.

—No estoy seguro de cuándo será eso. Simplemente cuando decidan cambiarlo, supongo.

—La razón por la que te lo pregunto es porque obviamente serías más valioso para la dirección si pudieras tomar tú las decisiones de compra. Eso les permitiría centrarse en otras cosas. Si ellos deciden todas las compras por ti, ¿cómo sabrán que estás preparado?

Anton se aflojó la corbata.

—Es una buena pregunta. Realmente no lo sé.

—¿Has intentado alguna vez hacer un pedido tú mismo para ver si alguien tenía algún problema con ello? —continuó Rick.

Anton parecía un poco preocupado y se apoyó en el respaldo de la silla cruzando los brazos.

—No, porque siempre he seguido sus directrices.

Rick le propuso una idea.

—Si estás dispuesto a probar, podemos utilizar un pedido de termómetros para ver si la dirección te deja comprar por ti mismo. Les demostrará tu capacidad para hacer pedidos sin su ayuda.

—Mmm...

Anton no estaba tan seguro.

—Imagínate que de repente la dirección te dejase decidir hacer el pedido de termómetros, ¿en qué basarías tu decisión de compra? —Rick continuó con delicadeza.

—Bueno, lo primero que haría sería mirar el historial de ventas para ver los datos anteriores de los termómetros —replicó Anton.

—Solo por complicarlo un poco —le dijo Rick—, digamos que no puedes tener acceso al historial de ventas. ¿Hay algo más en lo que basarías tu decisión? Te lo pregunto porque la dirección seguro que piensa que tomas en cuenta otros factores además del historial. Supongo que si el historial fuese el único factor importante ya estarías haciendo tus propias compras. Al fin y al cabo, tienes el mismo acceso a esa información que ellos.

—Mmm... ¡Bien pensado! —exclamó Anton—. Lo siguiente que haría sería comprobarlo con Devorah. Ella lleva la oficina de pedidos. Tiene una visión general de lo que piden nuestros clientes.

—Bien, entonces ¿estarías dispuesto a llamar a Devorah y realizar el pedido con ella? Carlos y yo tenemos tiempo. Podemos esperar.

—Sí, podría hacer eso.

—Una última pregunta antes de que llames —dijo Rick—. ¿Cuál es tu estimación del tiempo de rotación para seis cajas?

—Mi intuición me dice que serían cuatro meses.

—Veamos ahora qué dice Devorah —concluyó Rick.

—Muy bien.

Anton pulsó el botón del manos libres y llamó a Devorah, que estaba disponible y encantada de ayudar. Pareció agradarle el hecho de que alguien reconociese la importante información que manejaba en su posición.

—Las ventas del termómetro P829 han ido cayendo ininterrumpidamente. Eso no es inusual. La mayoría de los productos en nuestro catálogo hacen eso con el tiempo. Se debe a que los clientes se ilusionan cuando hay algo nuevo, lo que hace que las ventas se incrementen al principio porque quieren probarlo. Eso lleva a que al principio haya un incremento doble de ventas, pero luego empiezan a disminuir lentamente hasta que llega algo nuevo que lo reemplace. Creo que un nuevo termómetro sería una buena manera de regenerar la ilusión en esa categoría.

Anton le pidió a Devorah que esperase un momento y entonces se volvió hacia Rick.

—Basándome en lo que dice Devorah venderíamos seis cajas del nuevo termómetro en este primer trimestre.

Anton volvió a su llamada con Devorah y le preguntó:

—¿Crees que podemos vender las seis cajas?

—Me aseguraré de que lo hacemos. Se lo comentaremos a los clientes y lo moveremos. Sigamos en contacto. Prefiero tener a alguien con quien hablar para decidir las cantidades de los pedidos y no que lo haga la dirección —dijo Devorah.

Anton le agradeció la información y colgó.

—¡Vaya! —exclamó Rick—. ¡Eres un tío con recursos!, le has sacado a Devorah la información. No podía haber sido de más utilidad.

—Bueno, gracias —dijo Anton—. Devorah es una fuente de conocimiento de la empresa que está infravalorada.

—Comprobemos la predicción de Devorah con el historial de ventas —sugirió Carlos.

Rick estaba encantado de escuchar a Carlos proponer una idea tan buena.

—Totalmente seguro, estos números están alineados con precisión con las observaciones de Devorah —comentó Anton mirando los datos del historial de ventas.

—Vamos a probar a ver si te podemos conseguir más reconocimiento y responsabilidad —le propuso Rick a Anton—. Haces un pedido hoy de seis cajas del nuevo termómetro Q1016 y luego le envías un mensaje a dirección sobre el pedido «para su conocimiento». Yo retrasaré el envío unos días, por si la dirección quisiera cambiarlo. Apuesto a que lo dejarán pasar cuando les expliques tu lógica. Si todo va bien será un gran paso para incrementar tu responsabilidad y valor en la empresa. Si no, siempre podemos modificarlo.

—Vale, estoy listo para probar el sistema. Creo que ya es el momento de que sepan que estoy preparado para hacer mis propias compras. Empecemos con un pedido de seis cajas del Q1016.

Durante el viaje de regreso a la oficina, Carlos le preguntó a Rick:

—¿Crees que le faltaba confianza, capacidad de elección o claridad?

—De hecho, faltaban las tres ces —le respondió—. La objeción inicial de Anton indicaba una falta de capacidad de elección interna porque creía que no podía tomar la decisión de cursar el pedido, ya que la dirección insistía en hacerlo. Al preguntarle cómo sabría la dirección cuándo estaría preparado para cursar pedidos directamente, he utilizado la claridad para incrementar su capacidad de elección. Después le he preguntado si había intentado alguna vez cursar un pedido para ver qué pasaba. Esa pregunta planteaba la posibilidad de que una adhesión estricta a la política fuera otra creencia autolimitante. Le faltaba una clara evidencia de que la dirección quería que se siguiera estrictamente la política.

—Pensaba que dirías que la claridad de Anton sería sobre sus sentimientos. Por ejemplo, su deseo de ser valorado por la dirección.

—Es un buen punto, y tienes toda la razón. La claridad puede ocurrir a diferentes niveles. Que Anton conectara con el deseo de ser valorado por la dirección es otro tipo válido de claridad. De hecho es un tipo de claridad incluso más profundo, porque es un sentimiento. Por eso he vinculado el acto de cursar el pedido con el de ser más valioso.

—Te habrás dado cuenta de que no ha hecho muchas preguntas sobre los termómetros. La claridad interna implica lo que representa para el cliente comprar ese producto. No necesita implicar el producto en sí mismo. Pedir termómetros de última generación simbolizaba el reconocimiento del valor de Anton para la compañía.

—¿Dónde encaja la confianza interna?

—He llevado la confianza interna a la toma de decisiones de Anton —respondió— cuando le he desafiado a decidir un pedido sin mirar el historial de ventas. Le he pedido que adivinara lo rápido que lo iban a vender y después hemos obtenido la predicción de Devorah. Quería que Anton ganase confianza en su propia habilidad para decidir lo que quería comprar. De hecho, al final de nuestra visita, tú has tenido el instinto de pedirle que confirmase su intuición con el historial de ventas. ¡Bien hecho! Eso nos ha permitido evitar el potencial Oh-Oh que a veces viene con la responsabilidad añadida.

—Entonces la capacidad de elección y claridad de Anton se han apoyado en su confianza. O sea la confianza respaldó su capacidad de elección aportándole evidencias sobre su capacidad de tomar buenas decisiones de compra y eliminando ese potencial Oh-Oh. Y también su confianza le aportó claridad cuando el historial de ventas confirmó la precisión de su pedido.

—Sí, exactamente.

Antes de que Martin entrase en la pizzería para encontrarse con Marnie y Katya, resonaba en sus oídos el consejo de Rick para evitar controlar los procesos naturales. Quería conocer mejor a Marnie y tenía claro que la atracción mutua es un proceso natural.

Martin se las encontró sentadas en una salita de la parte de atrás en la que solo estaban ellas dos. Así pues, tenían total privacidad y tranquilidad, perfecto para hablar.

Marnie le agradeció a Martin que aceptara encontrarse con ellas para hablar del proyecto de la escuela de Katya. Entonces le dijo a su hija:

—¿Por qué no le explicas a Martin de qué va tu proyecto?

Katya se volvió hacia su entrenador y respondió:

—Se supone que debo elegir una cualidad que sea común a toda la gente de éxito y escribir sobre ella. Tengo que utilizar ejemplos cotidianos.

—¿Tienes alguna idea sobre qué tema te gustaría escribir? —le preguntó Martin.

—Creo que todos van a elegir ambición o liderazgo —replicó Katya—, pero yo quiero hacer algo diferente. Quiero hacerlo sobre sóftbol.

Martin sonrió y respondió:

—Tal vez puedas. ¿Qué cualidad crees que debe poseer un buen jugador de sóftbol?

—¡Un brazo fuerte! —soltó.

Martin se recordó a sí mismo que estaba probando el enfoque de Rick para controlar la urgencia de proponer una respuesta.

—Sí, un brazo fuerte está bien. De todas maneras una jugadora de sóftbol no triunfa a menos que esté en un equipo ganador.

Katya se quedó pensativa un momento.

—¿Qué te parece el trabajo en equipo? ¿Podría hacer mi trabajo sobre eso?

—Katya, ¡es una gran idea! —exclamó Martin—. La gente triunfadora necesita de un buen trabajo en equipo y jugar con las Robins a ti te da mucha experiencia con eso.

Los ojos de Katya se iluminaron.

—Genial —dijo—, escogeré ese tema. Y creo que no lo está haciendo nadie más. ¿Te importa que te haga algunas preguntas sobre eso dentro de tu trabajo? Porque tenemos que incluir eso.

Martin sonrió.

—Dispara.

Marnie le entregó a Katya un libro de notas y papel.

—Quizá quieras tomar unas notas.

—Fiona me dijo que tú eres el jefe de tu empresa —empezó Katya—. Dijo que tu trabajo es decirles a todos lo que tienen que hacer.

Martin respondió con cautela.

—Sí, es verdad que soy uno de los jefes de la empresa. Pero los jefes exitosos entienden que ellos no son los únicos con buenas ideas. A veces deben elegir entre alcanzar el objetivo y ponerse méritos. Si ignoran las ideas de otros porque quieren crédito personal, entonces se arriesgan a perder el objetivo, que es más probable alcanzarlo cuando se valoran las ideas de todos.

—¿Qué pasa cuando el equipo confía en una persona clave para ganar? ¿No es eso liderazgo?

—Eso es lo que yo solía pensar —le dijo Martin, pero me he dado cuenta de que si el responsable de ganar o perder es el rendimiento de una persona, entonces falta un buen trabajo en equipo. Ese miembro del equipo necesita poner su orgullo a un lado y permitir que otros miembros compartan la responsabilidad.

—Si esto fuera sobre mí, tendría menos control sobre cómo va el partido.

—La gente de éxito no necesita controlar —dijo Martin—, quieren alcanzar sus objetivos. Saben que eso implica confiar en otras personas a quienes no pueden controlar. Esto está bien en la medida en que todo el equipo esté alineado con el mismo objetivo y entienda que lo alcanzarán como equipo más que como individuos.

Katya pensó por un momento.

—Eso es lo que sentí cuando trabajé con aquel entrenador de lanzamientos, Rick. Antes de conocerle intentaba controlar mis tiros para que fuesen como los de la temporada pasada. Él me ayudó a ver que mis lanzamientos eran peores cuando intentaba controlarlos. Necesitaba confiar en mi brazo para lanzar. No podía ganar los partidos sin el equipo de mi brazo y yo. Sé que suena raro, pero mirar las cosas así me ayudó a mejorar.

—No suena raro en absoluto —le dijo Martin—. Tiene todo el sentido. ¿Crees que ahora puedes escribir tu proyecto sobre trabajo en equipo para tu profesor?

—Sí, puedo —dijo Katya.

Marnie estaba muy impresionada con la orientación atenta y considerada que Martin le había ofrecido a Katya. Madre e hija le agradecieron su ayuda y salieron del restaurante. Marnie empezó a pensar cómo podría pasar más tiempo con Martin. Le gustaba porque era fuerte, pero no autoritario, una rara cualidad, caviló.

9

Una última cuestión

La ventaja de usar argumentos de compra en lugar de argumentos de venta

El lunes de Rick empezó con un golpe. Acababa de aparcar el coche en su plaza habitual y estaba escuchando el final de un programa de noticias cuando le golpearon en el coche por detrás. Después de recuperarse del sobresalto, miró por el retrovisor y vio a Sally sentada tras el volante de su coche cubriéndose la cara en un gesto de vergüenza. Tras mirar juntos los daños (no había ninguno) y de que Sally se disculpara por quinta vez («De verdad, pensaba que ya estaba frenado»), se encaminaron hacia el vestíbulo de Essentials.

—Es curioso que me haya chocado contigo porque estaba a punto de dejarme caer por tu despacho —decía una Sally exaltada.

—Creo que prefiero que «te dejes caer» en lugar de que «me choques» —bromeó Rick.

—De verdad, ¿estás bien?

—Solo bromeaba.

—Bueno, vale —Sally se aceleró—. Finalmente he tenido una reunión de seguimiento con Meg. Pero hay algo raro. Quería decirme que había logrado que el seguro del hospital bajara un 10 por ciento la prima si empezaban a usar Bactogone.

—¿Qué hay de extraño? —Rick estaba confundido.

—Bueno, me he sentido desilusionada porque ese era el argumento de venta que yo iba a utilizar. Quería demostrarle lo inteligente que soy... —Sally se quedó esperando a que Rick dijera algo, pero este no lo hizo—. ¿No es estúpido? —soltó de pronto—. Quiero decir que de repente me di cuenta de que había priorizado la venta sobre la compra. Todo lo demás que me dijiste encajó perfectamente después de eso.

Rick estaba encantado.

—Así que interiorizaste el enfoque. La clave.

—Por fin. La clave de la venta es la compra. Lo he pillado.

—Y entonces ¿cómo han ido las cosas con Meg? —le preguntó Rick.

—El hospital está de acuerdo en utilizar Bactogone. La semana pasada Meg se puso en contacto con Zena, justo antes de una reunión con las enfermeras. Lo único que le dijo a Zena fue: «Si tuvieran que operar a tu hija aquí mañana ¿qué férula y esparadrapo te gustaría que utilizaran?» Zena pensó sobre ello y le respondió que «para su familia» le gustaría utilizar Bactogone. Meg acompañó a Zena en la formación y esta se encargó de informar a todas las enfermeras de que a partir de ahora utilizarían Bactogone. Resumiendo, ¡hemos tenido dos grandes pedidos de esparadrapo de Meg en los últimos tres días!

—Magnífico, Sally. ¡Felicidades! —exclamó Rick.

El formador estaba a punto de informar a Sally sobre su descubrimiento de las tres ces, pero notó que Sally tenía una pregunta porque la vio levantar repentinamente una ceja.

—¿Sí? —dijo Rick.

—Verás... Tengo varias visitas cerca —le dijo Sally—. Ahora entiendo tu filosofía y soy una creyente de ella. Mi reto es comprender cómo integrarla. ¿Cómo puedo ahora exponer argumentos de venta? ¿No indica eso que todo gira alrededor de mí?

Rick hizo una pausa.

—Es una buena pregunta y quizá la podamos responder juntos. Dime otra vez qué le dijo Meg a Zena.

—Meg le preguntó a Zena qué férulas y esparadrapo querría que utilizase el cirujano si operasen a su hija.

Una sonrisa apareció en la cara de Rick.

—Dado que la clave de la venta es la compra, los vendedores deberían confiar en los argumentos de compra más que en los argumentos de venta.

—Suena como algo que necesitaré recordar —le dijo Sally—. ¿Puedes repetirlo para que lo anote?

Rick se lo dijo de nuevo:

—Los vendedores deberían confiar en los argumentos de compra más que en los argumentos de venta.

LEY #10

LOS VENDEDORES DEBERÍAN CONFIAR EN LOS ARGUMENTOS DE COMPRA MÁS QUE EN LOS ARGUMENTOS DE VENTA. ES PREFERIBLE QUE LAS RAZONES PARA COMPRAR VENGAN DEL CLIENTE.

—A Meg le salió bien porque utilizó argumentos de compra con Zena.

—Vale, ¿qué es un argumento de compra? —le preguntó Sally.

—Un argumento de compra es algo relacionado con la situación del cliente de lo que este necesita ser consciente para poder tomar una buena decisión de compra. Un vendedor puede ayudar a los clientes a tomar mejores decisiones de compra remarcando los argumentos de compra en forma de preguntas.

—Por favor, ¿puedes repetir eso? —preguntó Sally—. Me parece importante; quiero anotarlo.

Rick repitió: «Un argumento de compra es algo relacionado con la situación del cliente de lo que este necesita ser consciente para poder tomar una buena decisión de compra. Un vendedor puede ayudar a los clientes a tomar mejores decisiones de compra remarcando los argumentos de compra en forma de preguntas».

—¿Utilizó Meg alguna «pregunta de argumento de compra» con Zena? —quiso saber Sally.

—Exactamente —respondió Rick—. Meg hizo una pregunta que puso a Zena en contacto con sus sentimientos como madre y como enfermera en lo relativo a la férula y al esparadrapo. La pregunta fue: «¿Qué férula y esparadrapo utilizarías con tu propia hija?» Meg no le dio un argumento de compra sino que le ayudó a que lo encontrara por sí misma.

»Así que en relación con tu pregunta original —continuó el formador—, los vendedores pueden hacer preguntas de argumentos de compra para mejorar la calidad de la toma de decisiones de sus clientes. Y, algo muy importante, para el comprador el proceso de decisión en sí seguirá siendo interno.

—¡Vaya! ¡No puedo creer que la respuesta sea tan sencilla! —exclamó Sally—. Por favor, ¿puedes repetirlo para que pueda anotarlo?

Rick repitió: «Para los vendedores, el propósito de una pregunta de argumento de compra es mejorar la calidad de las decisiones de compra del cliente manteniendo interna su toma de decisiones».

Rick miró su bandeja de entrada y vio un mensaje de Martin: «Necesito convocar una reunión contigo y con Ben. Tema: cambios en las políticas del Departamento de Ventas para prepararnos ante la solicitud de los inversores. También estaría bien un seguimiento con Carlos».

Rick se dirigió sin prisa hacia la sala y de paso se acercó a ver a Carlos.

—¡Hola, Rick!, ¿qué pasa?

—Me he acercado para ver cómo te va con las tres ces.

—Bueno, de hecho ha sido un poco escabroso —le contó Carlos—. Parecen más difíciles de utilizar de lo que había pensado. Entiendo la teoría sin problemas, pero es difícil pensar en las tres ces en medio de una conversación de ventas. Me distrae y no escucho bien a los clientes. Supongo que las cosas serán más fáciles de integrar si sigo practicando.

—Probablemente eso ayudará... —le respondió Rick.

—Muy bien...

—Sally y yo hemos encontrado una manera de que las tres ces funcionen automáticamente —continuó Rick—. Como la clave de la venta es la compra, deberías confiar en los argumentos de compra más que en los argumentos de venta. Si puedes encontrar los argumentos de compra adecuados, las tres ces te funcionarán.

—¿Qué es un argumento de compra?

Rick empezó a explicárselo. Le describió cómo los vendedores pueden plantear preguntas que sean argumentos de compra para que los clientes hagan mejores decisiones de compra y mantengan su toma de decisión interna.

—De acuerdo, a ver si lo he pillado —le dijo Carlos—. El argumento de compra que utilizamos con Larisa fue su comprensión de los beneficios del nuevo termómetro. La pregunta de argumento de compra fue qué tipo de cosas pensaba ella que estaban confusas en el manual.

—Sí, ¡exactamente! —exclamó Rick—. Para elaborar un buen argumento de compra me ayudó observar cuál de las tres ces faltaba. Le faltaba confianza interna. No compraría sin confianza en su capacidad para transmitir información técnica. Como resultado, elaboré una pregunta de argumento de compra que le mostró la información técnica que realmente podía transmitir.

—El argumento de compra en el caso de Anton estaba relacionado con su autoridad para tomar sus propias decisiones de compra —añadió Carlos—. La pregunta que utilizamos fue «¿Cómo sabrá la dirección cuándo es el momento para que tomes tus propias decisiones de compra?»

—Lo has pillado —le reafirmó Rick—. Cada conversación de ventas estaba orientada alrededor del argumento de compra. Este se volvió evidente mientras hablábamos y escuchábamos a nuestros clientes. Desde el punto de vista de las tres ces, vi que a Anton le faltaba capacidad de decisión interna a causa de la creencia autolimitante de que él no podía hacer sus propios pedidos. Al darme cuenta de esto, elaboré una pregunta para cuestionar esa creencia.

Una vez que un vendedor descubre el argumento de compra de su cliente, el resto de la conversación de ventas encaja sola.

—¿Estás diciendo que debería plantear preguntas de argumentos de compra en lugar de presentar argumentos de ventas? —preguntó Carlos.

—Las preguntas de argumentos de compra deberían ser el primer instrumento de tu caja de herramientas para poner a los clientes en contacto con sus necesidades —le dijo Rick—. De esa manera, los clientes pueden encontrar sus propias razones para comprar. Por ejemplo, Larisa reconoció por sí misma lo ilusionados que estarían los ingenieros con su nuevo aparato. Obviamente la lógica interiorizada que crean los clientes será más convincente que cualquier argumento de venta que puedan ofrecer los vendedores.

—Pero, ¿qué pasa si el cliente no dice lo que piensa? —preguntó Carlos. Rick estuvo de acuerdo en que eso podría ocurrir.

—El proceso de compra del cliente es interno, así que es posible que nunca sepas las ideas o las razones para comprar que la pregunta de argumento de compra crearon en la mente del cliente. Está bien. El proceso de compra del cliente puede permanecer interno. Cuando es ese el caso, los argumentos de venta son innecesarios. Un cliente puede decidirse por tu producto únicamente por lo que tu pregunta de argumento de compra le reveló sobre su decisión. Por eso, los argumentos de compra son más importantes que los argumentos de venta.

—Entonces, ¿todavía debería cerrar la venta? —preguntó Carlos.

—Por supuesto —respondió Rick—. Los clientes aún te necesitan. Los vendedores son los asistentes de sus clientes para que sus decisiones se transformen en acciones. Los clientes no ganan nada con sus decisiones a menos que las pongan en práctica. Por ejemplo, hay un montón de gente con buenas ideas para crear inventos, pero solo los que llevan a la práctica su idea pueden beneficiarse de ella. Al cerrar, los vendedores invitan a los clientes a actuar basándose en su decisión y les ayudan a lo largo del proceso.

Carlos pensaba con intensidad.

—Esto tiene mucho sentido. Te contaré algo. He empezado a dejar de pensar todo el rato en mí mismo cuando voy a vender. De hecho, he empezado a pensar mucho más sobre nuestros compradores y lo que necesitan. Es un gran cambio.

—Estás en el camino correcto —Rick estaba contento.

—Gracias, Rick —respondió Carlos—. Creo que esta vez lo entiendo de verdad.

Cuando Rick se dirigió al despacho de Martin, se encontró con Ben, así que llegaron juntos. Martin estaba acelerado, como si hubiera tomado un café demasiado cargado.

—Iré al grano, señores —dijo Martin empezando—. He convocado esta reunión porque Joan volverá de su viaje mañana. Lo primero que querrá hablar conmigo será sobre los gastos del Departamento de Ventas que estoy recortando. Esto incluye los gastos de viaje de los vendedores y también incluye el salario de Rick.

—¡Rick no es prescindible, Martin! —Ben reaccionó exageradamente— ¡Él es la causa por la que Essentials ha crecido durante catorce años seguidos!

—Ben, estoy de acuerdo contigo —respondió Martin—. Por eso estamos aquí. Tenemos que encontrar una manera de convencer a Joan de que echar a Rick sería un desastre.

Martin se dirigió a Rick.

—Tú pareces extrañamente relajado con esto.

—Es porque no veo que sea muy difícil convencer a Joan —respondió Rick.

Martin no estaba tan seguro.

—Mira, Rick, he hablado con Joan y no ha aflojado desde que salió el tema. Está nerviosa por la opinión de los miembros del Consejo y los potenciales inversores sobre los informes financieros. No consentirá nada que considere arriesgado.

—Está bien —replicó Rick—. De momento creo que hemos desarrollado una de las herramientas de ventas más poderosa que nadie haya visto y creo que podemos utilizarla aquí y ahora con Joan.

—¿Es esa de la que hablaste ayer con Carlos? —preguntó Martin—. Me ha llamado esta mañana, estaba muy ilusionado con vuestra conversación.

—Se trata de preguntas de argumentos de compra. Todo lo que necesitamos es encontrar las preguntas adecuadas para Joan.

Martin se mostraba, por decirlo suavemente, incrédulo.

—¿Estás de acuerdo en arriesgar tu carrera con esto?

Rick parecía contento de hacerlo.

—De hecho, lo estoy.

Martin se sorprendió de encontrar la puerta del despacho de Joan abierta. Entró y se sentó en su silla habitual.

—Bienvenida. ¿Cómo te ha ido el viaje?

A Joan se la veía bronceada y relajada.

—Lo he pasado muy bien, gracias. Creo que estoy preparada para lo que tenemos por delante. ¿Cómo van los informes de los departamentos para los inversores?

—Avanzando —contestó Martin—. Empecé con el Departamento de Ventas, por supuesto. Pero mientras iba procesando los números me encontré con algo interesante.

—¿Ah, sí?

—Supongo que tú y el Consejo de Administración no queréis vender la mayoría de acciones de Essentials a los inversores.

—No, por supuesto que no —contestó Joan—. Queremos mantener el control de la compañía.

—¿Cuánto control de la compañía os gustaría mantener?

—Obviamente, tanto como sea posible.

Martin ponderó su respuesta.

—¿Tenéis en mente, tú y el Consejo, un rango del porcentaje de acciones que venderíais?

—De hecho, estás tocando un tema muy sensible —le dijo Joan—. La mayoría de los miembros del Consejo están dispuestos a vender hasta el 49 por ciento. Otros dos miembros, incluyéndome a mí, preferirían no vender más del 30 por ciento, porque con el 30 o menos, mantenemos el derecho a vender acciones a la familia.

—¿Quieres preservar la opción de guardar acciones de Essentials para tu familia? —le preguntó Martin.

—Sí, porque mis hijas podrían querer trabajar algún día aquí y quiero mantener esa opción abierta.

—Entonces la razón por la que quieres conseguir el máximo de dólares por acción no es para lograr los máximos ingresos, sino minimizar el porcentaje de acciones en manos de los inversores —remarcó Martin.

—Sí, eso es —respondió Joan.

—En tal caso lo que realmente nos interesa de los informes de los departamentos son los ingresos, no necesariamente los inversores —Martin continuó.

—Bueno —respondió Joan—, puedes mirarlo así. Sí.

—En ese caso, deberíamos estar abiertos a cualquier escenario potencial para incrementar los ingresos —incluso aunque pensemos que podría no resultar atractivo para los inversores.

—De acuerdo, tienes razón —dijo Joan—. Si tuviera que elegir entre ingresos e inversores, elegiría ingresos.

—Pensé que podía ser así. He hallado dos factores nuevos recientes. El cómo decidamos responder a ellos afectará seguramente a los ingresos.

—¿Cuáles son? —inquirió Joan.

—El primero es un blog de clasificación del servicio al cliente de los distribuidores locales de productos médicos. El segundo es un brusco incremento de los gastos de viaje debido al incremento en los costes de la energía.

—De alguna manera están relacionados entre sí —razonó Joan—. Ambos implican al Departamento de Ventas y al servicio al cliente de nuestros vendedores.

Martin asintió con la cabeza.

—Ese es un buen punto, Joan. ¿Crees que sería posible abordar ambas situaciones con alguna estrategia?

—Eso implica que nuestros clientes compren más y estén más satisfechos de nuestro servicio mientras reducimos las visitas de nuestros vendedores. ¿Puedes mostrarme un plan para conseguirlo?

Martin extendió el brazo para alcanzar un sobre que estaba al lado de su silla.

—A ver qué te parece este —dijo entregándole el sobre por encima de la mesa—. Todo está preparado. Ventas reducirá los costes y aumentará los ingresos.

—¿Cuáles son los puntos principales? —le preguntó Joan.

—He reducido el consumo de combustible modificando las rutas de los vendedores. No visitarán con tanta frecuencia a cada cliente, lo cual reducirá costes significativamente. En base a la nueva investigación y formación de Rick con nuestro cliente de prueba, Hope Hospital, hemos visto un incremento de ventas de casi el 200 por ciento. Lleva un tiempo explicarlo, pero la forma abreviada es: argumentos de compra.

—Nunca he oído hablar de un argumento de compra —dijo Joan—. ¿No íbamos a despedir a Rick?

—Joan —le dijo Martin—, creo firmemente que sin Rick para liderar, formar e implementar argumentos de compra, las ventas se desplomarán si simplemente recortamos viajes.

—Mmm. ¿Supongo que estará todo detallado en el informe que me has dado? —preguntó Joan.

—Sí, incluyendo las modificaciones de las rutas de ventas, la explicación de los argumentos de compra y una hoja de balance con los cambios incluidos. Según mis nuevas proyecciones de ventas y costes, puede que no necesitemos inversores.

—Eso sería condenadamente maravilloso. Supongo que mejor le digo a Lila que Rick no va a estar disponible —continuó Joan.

—No nos podemos permitir perderlo —concluyó Martin.

El buen humor de Martin duró hasta la noche cuando llegó para asistir al último partido de la temporada de las Robins, que ya se había asegurado un puesto en las eliminatorias. El ambiente era relajado mientras las jugadoras y los padres iban llegando al partido.

Su hija, Fiona, cogió el guante y se dirigió hacia el campo. Martin decidió sentarse en las gradas para variar. Al ser el entrenador, normalmente prefería sentarse en un lugar más destacado, pero hoy era diferente. Quería tomárselo con calma y ver cómo jugaba el equipo sin estar encima de ellas.

Vio a Marnie y Katya que venían hacia él y se sentaron a su lado en las gradas, con Katya en medio.

—Gracias, entrenador —le dijo Katya— por ayudarme con mi trabajo.

—De nada. Estoy contento de haber podido ayudar —respondió Martin.

Marnie miró a Katya y le dijo:

—Ve a calentar ahora para que no te duela el brazo.

—Vale, mamá.

Cuando se unió al resto de chicas en el campo, Marnie pensó que era muy agradable ver cómo se saludaban las chicas unas a otras con grandes sonrisas. Se fijó en que Katya saludaba cariñosamente a Fiona.

Marnie miró de reojo a Martin.

—¿Está Fiona ilusionada por llegar a las eliminatorias?

—No ha hablado mucho de eso este año —le dijo Martin—. Quizás es porque todavía se está acostumbrando a ello. O tal vez está desarrollando otros intereses sociales.

—Hablando de intereses sociales, ¿va a ir Fiona este fin de semana a la fiesta de pijamas del cumpleaños de Emily? —quiso saber Marnie—. Katya está deseando ir.

—Sí. Tengo que renunciar a mi fin de semana con Fiona por eso mismo.

—Supongo que si tu tiempo con Fiona es limitado —respondió Marnie—, lo sientes como una renuncia. Para mí el sentimiento es de ir soltando. Las chicas se están haciendo mayores y supongo que es inevitable que se vayan abriendo más a sus relaciones sociales los fines de semana —hizo una pausa—. Me imagino que este año voy a tener más tiempo libre los fines de semana.

Martin percibió una oportunidad.

—¿Te gustaría que cenásemos juntos el sábado?

Marnie le miró a los ojos y de repente los sintió amables.

—Suena bien —respondió, mientras encontraba su mirada con una dulce sonrisa.

Nota del autor

La historia no termina aquí. Con suerte, acaba de empezar. El auténtico valor de este libro deriva de la aplicación de sus principios. Mi trabajo no acabará hasta que tú no experimentes de primera mano el éxito al utilizar el método de *La clave de la venta*. El epílogo que sigue divide los principios clave de este libro en tres secciones: Las diez leyes; Las tres ces y Argumentos de compra/Preguntas de argumentos de compra.

La primera sección del epílogo enumera las diez leyes de *La clave de la venta*. Contiene explicaciones y ejemplos para clarificar la nueva perspectiva que ofrece esta obra.

La segunda sección profundiza en las tres ces y en cómo se relacionan unas con otras. Finalmente, en la tercera sección se explican los argumentos de compra y las preguntas de argumentos de compra de manera que puedas empezar a potenciar esa habilidad.

Anexo 1

Las diez leyes de *La clave de la venta*

LEY # 1: LOS VENDEDORES TENDRÁN MÁS ÉXITO CUANDO ENTIENDAN QUE LA CLAVE DE LA VENTA NO ES LA VENTA, SINO LA COMPRA.

Esta primera ley establece las bases de todo el sistema de *La clave de la venta*. Reorienta a los vendedores hacia su prioridad. El éxito de los vendedores viene determinado más por la actuación de compra de sus clientes que por su propia actuación de venta. Aquellos vendedores que se centran en su actuación de ventas están equivocándose. La clave de la venta tiene que ver con la compra por parte de los clientes. Esto difiere de la filosofía tradicional de formación en ventas que se centra en la actuación del vendedor.

En cada venta tienen lugar dos conversaciones simultáneas. La formación tradicional presta atención únicamente a una de esas dos conversaciones: la que se da entre el vendedor y el cliente. Pasa por alto la segunda y más importante: la conversación de compra interna que tiene lugar en la cabeza del cliente. *La clave de la venta* trata de la labor que hace el vendedor en las conversaciones de compra interna de sus clientes para lograr buenos resultados de venta.

LEY #2: EL TRABAJO DEL VENDEDOR ES AYUDAR AL CLIENTE A TOMAR MEJORES DECISIONES DE COMPRA. LOS VENDEDORES SON COACHES DE DECISIONES.

La segunda ley es una ampliación de la primera. El éxito de los vendedores viene determinado, fundamentalmente, por la actuación de compra de sus clientes, no por la actuación de ventas del vendedor. La actuación de compra del cliente también es conocida como «toma de decisión», la cual es una actividad con resultados, como otras actividades con resultados como los deportes o el teatro. De manera semejante, los clientes pueden beneficiarse de tener un buen coach. Así pues la función del vendedor es la de ser el coach de decisiones del cliente.

Cuando tú eres cliente, la razón para hablar con un vendedor es porque crees que te ayudará a tomar una decisión mejor. Cuando los vendedores comparten este objetivo, trabajan con los clientes como un equipo. Los malos entendidos ocurren cuando los vendedores tienen un objetivo diferente al de sus clientes. El estigma negativo que la gente asocia a la profesión de la venta viene de una historia de vendedores y de clientes que no comparten un objetivo común.

LEY #3: LA TOMA DE DECISIONES ES UN PROCESO INTERNO DEL CLIENTE.

La tercera ley es una ampliación de la segunda. La función del vendedor es la de ser coach de las decisiones del cliente. Aunque se mantiene a un lado, un coach ayuda a sus clientes a alcanzar su máximo potencial. De este modo, estos pueden descubrir su potencial interno mientras realizan la tarea.

Desafortunadamente, muchos vendedores prefieren no mantenerse a un lado. En lugar de ello, tratan de ejercer tanta influencia como sea posible en las decisiones de sus clientes. Esto interfiere con el intento de los clientes de adoptar una buena decisión. Los vendedores que roban el protagonismo al cliente hacen que este desvíe la atención de sí mismo hacia el vendedor. Es preferible que a la hora de tomar decisiones el foco de atención del cliente esté en sí mismo. Si los clientes no son conscientes de sus deseos y de sus necesidades internas, no pueden saber cómo ese producto que les ofrece el vendedor satisfará sus necesidades y deseos.

LEY #4: EL PROCESO DE DECISIÓN DEL CLIENTE ES MÁS IMPORTANTE QUE LA ACTUACIÓN DEL VENDEDOR EN EL PROCESO DE VENTA.

La cuarta ley puede parecer de sentido común. Sin embargo, basta pensar en la desproporcionada cantidad de tiempo que dedican los formadores de ventas a mejorar la actuación del vendedor en lugar de centrarse en la actuación del cliente. Resulta evidente, no obstante, que un vendedor no logrará una venta a menos que el cliente decida primero que el vendedor va a conseguir la venta.

Esta cuarta ley es una ampliación de la segunda y la tercera. Es decir, el proceso de toma de decisiones del cliente es un proceso interno. La toma de decisiones es una actividad de rendimiento y los vendedores de más éxito serán aquellos cuya base de clientes está constituida por aquellos que adoptan las mejores decisiones. Estos vendedores venderán con éxito su producto a cualquier persona de su territorio que lo necesite.

Si un cliente que necesita el producto no lo compra, ese cliente no habrá tenido un buen rendimiento en su decisión. La interferencia que impide alcanzar su potencial en la toma de decisiones siempre procede del cliente. Por ejemplo, el cliente puede haber basado su decisión en una falsa creencia o puede ser un cliente con una falsa sensación de urgencia que se precipita a tomar una decisión basándose en información insuficiente.

Por eso, la verdadera función del vendedor es ser coach de las decisiones del cliente. El coach se mantiene a un lado, mientras el cliente toma su decisión. Si el cliente toma una mala decisión, la oportunidad de mejora tendrá que ver con el proceso de decisión del cliente.

LEY #5: LA VERDADERA PRUEBA DE LA INFLUENCIA DE UN VENDEDOR VIENE DETERMINADA POR LAS ACCIONES DEL CLIENTE UNA VEZ QUE EL VENDEDOR SE HA MARCHADO.

Esta quinta ley amplía las leyes tercera y cuarta. Cuando los vendedores alientan la toma de decisión interna, esta perdura más allá de la visita del vendedor. Usualmente, el éxito del vendedor depende de cómo se comportan los clientes una vez que se ha marchado. Los vendedores deben confiar en que los clientes tomen la iniciativa por sí mismos. Porque su iniciativa puede suponer utilizar el producto, volver a hacer un pedido del mismo, hablar del producto a otras personas o permanecer fiel cuando es abordado por la competencia. Ninguna de estas acciones tendrá lugar cuando el vendedor esté presente.

Un vendedor obstinado puede pensar que resulta sencillo persuadir a sus clientes para que compren su producto, pero la verdadera habilidad implica integrar esa decisión de compra en los valores y creencias personales del cliente. La verdadera prueba de la influencia de un vendedor es cuando los clientes interiorizan su decisión.

LEY #6: CUANTA MENOS PERSUASIÓN DEL VENDEDOR HAYA EN UNA DECISIÓN DE COMPRA, MÁS INTERIORIZADA ESTARÁ LA DECISIÓN DEL CLIENTE.

La sexta ley es una ampliación de la quinta. Es más probable que los clientes interioricen las decisiones cuando implican su máxima participación en ella y la mínima persuasión del vendedor. De esta manera, los vendedores se benefician de que los clientes interioricen sus decisiones de compra. Una decisión interiorizada se da cuando los clientes no solo realizan la compra, sino que además se identifican con ella. ¿Recuerdas alguna ocasión en la que estabas tan plenamente convencido de un producto que incluso el vendedor que te lo vendió no podía disuadirte más tarde?

Las decisiones de compra interiorizadas precisan que la relación principal sea entre el cliente y el producto más que entre el cliente y el vendedor. Un vendedor que trata de ejercer su influencia no da a los clientes la oportunidad de que exploren por sí mismos las razones internas para comprar. El resultado es una decisión de compra dependiente del vendedor, y esta es menos deseable que la interiorizada. En el primer caso, cuando el vendedor se marcha, el entusiasmo del cliente por el producto se va con él. Esta es la razón por la cual los vendedores necesitan revisitar con frecuencia a los mismos clientes para mantener sus resultados. Los clientes que interiorizan su decisión de compra no requieren visitas frecuentes del vendedor para mantener su entusiasmo. Su entusiasmo procede de ellos mismos.

LEY #7: ES MEJOR QUE LOS VENDEDORES SEAN APRENDICES QUE MAESTROS.

La séptima ley es una ampliación de la quinta y la sexta. Los vendedores deberían preferir que los clientes interioricen sus decisiones de compra. Los que lo hacen comprenden que la situación más deseable es que los clientes piensen en las razones de compra por sí mismos. Las razones de compra que se derivan de la propia reflexión motivacional del cliente tienen una influencia inmediata. Si un vendedor elige presentar argumentos de venta, es importante que seleccione aquellos que se integren con los valores y creencias del cliente. Para hacer esto el vendedor debe conocer en primer lugar cuáles son esas creencias y valores.

Los vendedores tienen que seleccionar aquellos argumentos de venta que sus clientes estén más receptivos a escuchar. Esto lo hacen aprendiendo cuáles son los intereses de sus clientes. Los argumentos de venta mejor concebidos carecen de valor cuando se presentan a clientes que no se muestran receptivos.

LEY #8: LOS VENDEDORES DEBEN ABORDAR LAS OBJECIONES DE SUS CLIENTES EN EL ORIGEN DE LA OBJECIÓN.

Las objeciones del cliente se pueden originar desde un nivel externo o desde un nivel interno al cliente. Los vendedores deben determinar desde qué nivel se origina una objeción para poder gestionarla en el mismo nivel. Las objeciones que se originan desde el nivel interno incluyen pensamientos y sentimientos del cliente sobre sí mismo, mientras que las objeciones que se originan desde un nivel externo tienen que ver con pensamientos y sentimientos del cliente que no están relacionados con él mismo. Por ejemplo, un cliente dice: «Veo que tu producto podría ayudar a mi negocio, pero necesito confiar en que conseguiré suficientes clientes que lo compren». La objeción del cliente puede estar más relacionada con su confianza para conseguir clientes que con el valor del producto. El cliente ha comprado el producto, pero no ha comprado su propia habilidad. Como resultado de ello, no comprará. Así pues, su objeción se origina internamente en sus propias dudas. Un vendedor que se dirija a un nivel externo no gestionará con éxito esa objeción. Por tanto, resultaría ineficaz presentar argumentos de venta adicionales, mostrar más entusiasmo o ser más insistente, dado que la objeción del cliente procede de dentro de él. El vendedor tendría más éxito gestionando la objeción en un nivel interno, es decir, ayudando al cliente a ver que podrá conseguir nuevos clientes con facilidad.

Con frecuencia, los vendedores fracasan por no detectar las objeciones internas, porque la naturaleza humana nos lleva a que todo lo interpretemos en relación con nosotros. Las objeciones que se originan internamente no tienen que ver con el vendedor. Sin embargo, no puede ignorarse la influencia del nivel interno en la toma de decisiones. Si una objeción surge desde el nivel interno, entonces el vendedor únicamente tendrá éxito si la gestiona desde ese mismo nivel.

LEY #9: LOS CLIENTES ADOPTAN LAS MEJORES DECISIONES DE COMPRA CUANDO PRESENTAN LOS NIVELES MÁS ALTOS EN LAS TRES CES: CONFIANZA INTERNA, CAPACIDAD DE ELECCIÓN INTERNA Y CLARIDAD INTERNA.

La novena ley es una ampliación de las leyes precedentes. Una venta no tendrá lugar si el cliente no posee la suficiente cantidad de las tres ces. Las tres ces son internas puesto que la toma de decisiones también lo es.

Un vendedor no conseguirá una venta sin que previamente el cliente haya decidido que el vendedor le venderá. Y esta decisión tiene lugar internamente.

Los vendedores son coaches de decisiones y las tres ces son las cualidades que ellos intentan infundir en sus clientes para un trabajo óptimo. El vendedor quiere infundirle al cliente estas tres ces para ayudarle a tomar la mejor decisión de compra.

Cuando los vendedores se dan cuenta de que los clientes tienen cualidades que interfieren con esas tres ces, les ayudarán a eliminar tal interferencia. Las principales cualidades que interfieren son las propias dudas, las creencias limitantes y la falta de autoconciencia. Los clientes, y no los vendedores, son generalmente la fuente de esta interferencia.

LEY #10: LOS VENDEDORES DEBERÍAN UTILIZAR MÁS ARGUMENTOS DE COMPRA QUE ARGUMENTOS DE VENTA. ES MEJOR QUE LAS RAZONES PARA COMPRAR PROVENGAN DEL CLIENTE.

Un argumento de compra puede ser cualquiera que tenga que ver con la situación del cliente y de la que necesita ser consciente para una buena decisión de compra. Los vendedores orientan a los clientes con argumentos de compra para que tomen decisiones de compra. Esa argumentación se presenta en modo de preguntas, denominadas «preguntas sobre argumentos de compra», cuyo propósito es dirigir la atención de los clientes a esos mismos argumentos.

La utilización de argumentos de compra para conseguir una venta es un método mejor que el de utilizar argumentos de venta. Los primeros permiten que el vendedor influya en la decisión del cliente en su origen: en su interior. También permiten que los vendedores influyan en la toma de decisiones mientras mantienen el proceso del cliente en el ámbito interno, ya que los clientes están más inclinados a actuar cuando sus decisiones de compra están motivadas internamente.

Las decisiones de compra interiorizadas son decisiones de mejor calidad y tienen más probabilidades de ser integradas en los valores y creencias personales del cliente, además de que perduran cuando los vendedores ya no están presentes. Sin embargo, las decisiones tomadas por influencia del vendedor se desvanecen una vez que este se ha marchado. Una decisión interiorizada tiene mucha más probabilidad de que el proceso acabe o bien en la utilización del producto por el cliente, o bien en que este repita el pedido, recomiende el producto o muestre a la competencia su fidelidad al producto.

Las decisiones interiorizadas conducen a que los clientes lleguen a la compra por sus propias razones, muchas de las cuales quizás el vendedor ni siquiera había considerado. Cuando una decisión de compra se integra en los valores y creencias del cliente, este crea una lógica personal para la compra. Las razones que provienen del cliente son siempre más atractivas que las razones para comprar propuestas por el vendedor. Esto sucede incluso cuando una misma razón ha sido propuesta por el vendedor. ¿Has experimentado alguna vez el hecho de hacer una sugerencia a alguien que no actúa según tu recomendación hasta que piensa que esa sugerencia ha sido idea suya?

Anexo 2

Cómo se apoyan entre sí las tres ces

Una ventaja exclusiva del sistema de *La clave de la venta* es su simplicidad. Los requisitos para que el cliente tome una decisión óptima se reducen únicamente a tres: Confianza interna, Capacidad de elección interna y Claridad interna. Como resultado de ello, los vendedores únicamente necesitan prestar atención y ayudar a los clientes a superar tres interferencias a esas condiciones: las propias dudas, las creencias limitantes y la falta de autoconciencia.

Las tres ces no actúan independientemente durante el proceso de decisión del cliente, cada una apoya a las otras dos de manera sinérgica. Por ejemplo, si alguien estuviese utilizando un mapa para llegar a un destino, la Claridad representaría en el mapa el punto de «Usted se encuentra aquí». La Capacidad de elección representa el punto de destino deseado. Y la Confianza es la seguridad del viajero de que el viaje entre los dos puntos entra dentro de sus capacidades. Las tres ces necesitan estar presentes para una toma de decisiones óptima. Si al cliente le falta confianza en su capacidad para hacer el viaje, entonces saber dónde se encuentra y adónde quiere ir es inútil.

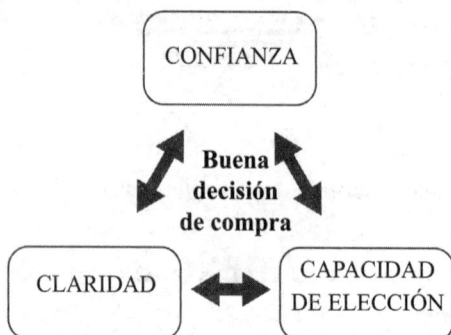

La siguiente sección subraya específicamente cómo sucede esto. Empieza con una tabla y a continuación se dan unos ejemplos para ayudarte a reconocer la función de apoyo que cada C desempeña en el proceso de decisión.

	Capacidad de elección	Confianza	Claridad
Elección	X	Disipa el «efecto Oh-Oh» para incrementar las opciones a elegir	4. Contiene la Capacidad de elegir 5. Incrementa las opciones al exponer las suposiciones y aumentar la motivación
Confianza	Competencia en nuevas áreas	X	La claridad disipa dudas
Claridad	Se posee claridad si proviene de la propia elección del cliente	La claridad es de poca ayuda sin tener confianza en lo que la claridad ha revelado	X

A continuación, explicaré brevemente cada una de las celdas de la tabla anterior.

La confianza interna apoya la capacidad de elección interna

La confianza apoya la elección al disipar el «efecto Oh-Oh», que limita las opciones de los clientes debido a sus creencias limitantes.

Por ejemplo, un cliente que piense que no sabe demasiado de deportes puede decidir no publicitar su producto en eventos deportivos locales. Dichos eventos darían una gran exposición promocional al producto por un buen precio y dentro de un buen mercado. Sin embargo, el cliente no contempla esa oportunidad como una elección realista. Teme que su ignorancia sobre deportes le haga tomar malas decisiones en ese mercado. Se siente limitado a hacer publicidad únicamente en los mercados en los que se siente seguro.

La confianza interna apoya la claridad interna

Uno solo puede darse cuenta de los beneficios de tener claridad si existe confianza en lo que la claridad revela.

Por ejemplo, si un hombre ciego piensa que su bastón se doblará cada vez que toque algo, no confiará en que este le revele dónde están los obstáculos. Esta persona no podrá utilizar ese bastón para ir a ninguna parte.

Si un cliente no confía en que sus sentimientos sean válidos, esos sentimientos no le ayudarán en la toma de decisiones. Por ejemplo, un cliente puede estar considerando tomarse vacaciones porque el nivel de estrés en el trabajo le está provocando mucho cansancio. Si el cliente no confía en que ese sentimiento de cansancio es una señal que le está enviando su cuerpo de que necesita tomarse un descanso, podría optar por

duplicar sus medicamentos contra la ansiedad para poder trabajar de forma más intensa. El proceso natural de respuesta de
su cuerpo le será de escaso beneficio.

La capacidad de elección interna
apoya la confianza interna

La capacidad de elección se incrementa cuando se disipan las
creencias autolimitantes y las suposiciones. Actuar sobre la
base de las opciones descubiertas recientemente incrementará
la experiencia personal, lo que conducirá a una renovada confianza de la propia capacidad para gestionar las nuevas expe-
riencias.

Pongamos el ejemplo de un marchante de arte para ilustrar
este punto. El cliente descubrió que era posible comprar obras
de arte cuando el marchante le reveló el valor de su inversión.
Como resultado, el cliente empezó a comprar obras de arte y,
con el paso del tiempo, ganó confianza en su capacidad para
decidir qué tipo de arte comprar. No habría ganado esa confianza sin la claridad de que, primero, comprar arte estaba dentro de su presupuesto, y segundo, las obras de arte incrementan
su valor con el transcurrir del tiempo.

La capacidad de elección interna
apoya la claridad interna

La capacidad de elección permite que la claridad sea asumida
personalmente. La claridad que no sea elegida de manera au-
tónoma no se integrará plenamente en el sistema de valores y
creencias del cliente.

Por ejemplo, una persona puede urgir de manera insistente a su compañero de piso que haga un seguro de la propiedad. Este puede ceder a la presión de su colega y firmar una póliza. Cuando el primer compañero de piso se vaya de la vivienda, el otro ya no tendrá la constante insistencia de hacerse un seguro de la propiedad. Así que deja que la póliza caduque porque nunca eligió de manera independiente tener una póliza.

La claridad interna apoya la capacidad de elección interna

La claridad es el recipiente de la elección. En otras palabras, la claridad define las limitaciones para elegir. Estas limitaciones convierten la motivación obtenida de la elección en acción. Y la acción que tiene lugar es una decisión. Por ejemplo, el vendedor de seguros puede hacer consciente al cliente de que únicamente puede comprar un seguro al precio más bajo antes de su próximo cumpleaños. Este límite de tiempo para tomar la decisión motiva al cliente a la acción.

La claridad incrementa las opciones de elección al exponer las creencias autolimitantes y las suposiciones. Por ejemplo, al hablar con un vendedor de seguros, un cliente puede pensar que no dispone de suficiente dinero para hacerse más seguros. El vendedor le proporcionará claridad al hacerle notar que dispone de cierto dinero en otra póliza que podría utilizar para comprar más seguros. Esta claridad proporciona al cliente una mayor elección.

La claridad interna apoya la confianza interna

La claridad disipa las dudas en la toma de decisiones. Por ejemplo, una vez que el cliente conoce el frío que puede hacer en Montana, puede ganar confianza en que gastar algo de dinero en un abrigo es una buena decisión.

Tanto la capacidad de elección como la confianza internas apoyan la claridad interna

Los clientes tendrán una mayor confianza en su claridad si llegan a su perspectiva a través de la máxima posibilidad de elección. Por ejemplo, alguien al que se le informa de que su cáncer ha desaparecido de manera inesperada probablemente esté más dispuesto a reemplazar su coche viejo, porque tendrá más confianza en actuar de acuerdo a su deseo de tener un coche fiable. El repentino incremento en su expectativa de vida le proporcionará una mayor posibilidad de elección.

Anexo 3

Argumentos de compra y preguntas de argumentos de compra

La capacidad de los vendedores para crear argumentos de compra y plantear preguntas de argumentos de compra efectivas son las habilidades más importantes que ofrece el sistema «La clave de la venta».

Un argumento de compra es algo sobre la situación de un cliente de lo que este tiene que ser consciente para poder tomar una buena decisión de compra. Por ejemplo, un cliente necesita ser consciente de las tareas para las que tiene pensado utilizar un producto antes de decidir comprarlo. Cuando un vendedor habla con un cliente sobre su previsión de uso del producto, el vendedor puede mejorar la decisión del cliente sobre qué producto comprar.

Los argumentos de compra difieren de los de venta porque estos son independientes de la situación del cliente. Por ejemplo, un argumento de venta para un teléfono inteligente podría ser que tiene las máximas prestaciones. Un argumento de compra para el mismo teléfono podría ser cómo le ayudará a acceder a su correo electrónico en la carretera. La diferencia es significativa. Si al cliente le intimida la tecnología, las características adicionales del teléfono inteligente pueden ser confusas. No las utilizará. El argumento de venta sobre más características interfiere con el argumento de compra de utilizarlo para recibir correos. Para la situación específica de este cliente, el argumento de venta es disuasorio para la compra.

La gracia de utilizar argumentos de compra es que las tres ces pueden incrementarse con un único argumento de compra. A veces, también puede ser efectivo utilizar múltiples argumentos de compra.

Preguntas de argumentos de compra

Para presentar argumentos de compra a los clientes los vendedores utilizan cuestiones llamadas «preguntas de argumentos de compra».

Este tipo de argumentos se presentan como preguntas porque la toma de decisión es un proceso interno. Las preguntas son la mejor manera de que los vendedores redirijan las conversaciones hacia el interior del cliente. Una pregunta de argumento de compra bien planteada puede incrementar las tres ces a la vez que permite que la toma de decisión del cliente siga siendo interna. Durante una conversación de ventas, se pueden plantear múltiples preguntas de argumentos de compra, aunque es mejor plantearlas una por una.

La capacidad de crear argumentos de compra y de plantear preguntas de argumentos de compra efectivas requiere práctica y conocimientos. Estas son algunas recomendaciones que ayudarán a formularlas:

1. Asegúrate de que el argumento de compra es sobre algo esencial para tomar la decisión que nos ocupa.

2. La pregunta de argumentos de compra debería ser sobre algo que el cliente pueda observar fácilmente.

3. La pregunta debe ser abierta e inocua y no debería implicar una respuesta correcta o incorrecta. Evita plantear preguntas con las que corras el riesgo de poner al cliente a la defensiva.

4. Este tipo de preguntas son más efectivas si intrigan al cliente. Un estado mental de intriga tiene una receptividad óptima.

5. Normalmente es mejor plantear las preguntas de argumento de compra de una en una.

DISFRUTA VENDIENDO CON EL SISTEMA
LA CLAVE DE LA VENTA

Sobre el autor

¿Cómo desarrolló Jeffrey Lipsius esta exitosa estrategia de ventas? En realidad, hallar la clave para lograr los resultados más altos fue la culminación de la pasión de Jeffrey por las ventas, y la meta de toda su vida. Su búsqueda empezó a los diecinueve años en las pistas de tenis. Entonces se dio cuenta de que para conseguir la excelencia en este deporte se requerían tanto habilidades mentales como físicas. Sin embargo, sus entrenadores no sabían cómo podían practicar los jugadores de tenis su estado mental de igual manera que practicaban los golpes de derecha o de revés. La búsqueda de Jeffrey le llevó a disciplinas como el yoga y la meditación, hasta que descubrió el libro *El juego interior del tenis,* escrito por Timothy Gallwey. Este libro le aclaró todo lo relacionado con la parte mental de los resultados. Al aplicar los principios de *El juego interior del tenis*, aprendió a acceder a su conciencia interior y a aplicarla durante los partidos. Sus resultados se transformaron sustancialmente dentro y fuera de la pista.

Después de la universidad, Jeffrey inició su carrera como profesional de ventas. En una conferencia, tuvo la gran suerte de encontrarse con su mentor de tenis, Timothy Gallwey e intercambiaron ideas sobre cómo aplicar *El juego interior* al rendimiento de un vendedor: había nacido la nueva meta de Jeffrey. Comenzó a asistir asiduamente a los talleres de Gallwey, y esto le llevó a integrar nuevas ideas creativas y a ajustarlas a su experiencia. Mientras preparaba a vendedores, Jeffrey adaptó los principios de *El juego interior* para mejorar sus resultados. Este proceso continuó durante más de veinte años.

Con su extraordinaria estrategia de formación que surgió de todo ello, Jeffrey consiguió notables resultados: fue el mejor vendedor de su compañía, fue promocionado a vicepresidente y entrenó a cientos de vendedores para que fueran líderes en resultados de sus sectores. En este libro Jeffrey presenta su sistema para conseguir resultados extraordinarios. Lo llama *La clave de la venta* y cree firmemente que el lector experimentará cambios al aplicar su método.

Cómo contactar con el autor

Me comprometo a ayudar a los lectores a integrar los principios de *La clave de la venta* en su vida profesional. Soy consultor para organizaciones que quieren integrar en la cultura de la empresa un enfoque más consciente para la venta. Para ello, doy conferencias en las que presento esta nueva perspectiva para mejorar los resultados de los vendedores; dirijo talleres para desarrollar las habilidades descritas en este libro y soy consultor para individuos y empresas que desean personalizar los principios de *La clave de la venta* adaptándolos a sus necesidades específicas.

Para contactarme:

Email: jeffl@sellingtothepoint.com
Website: www.sellingtothepoint.com

También se puede contactar en España con mis colaboradores de Inner Game Applications Spain.

Inner Game Applications Spain (IGAPPS) es una empresa fundada por tres socios con larga experiencia en la mejora de resultados y la calidad de vida de las personas y de las organizaciones. Nació con el propósito de ayudar a las personas a ser maestros de su Juego interior y a utilizarlo de manera práctica en sus vidas.

Después de abrir el mercado español a la metodología «Inner Game» y presentar a Tim Gallwey, el padre del coaching moderno, en España, han visto en esta metodología, en la que están certificados, el vehículo ideal para trabajar con las empresas verdaderamente interesadas en las personas, enriquecer la experiencia de los trabajadores y mejorar su rendimiento en el puesto de trabajo, a través del aprendizaje y el disfrute en sus trabajos.

IGAPPS ha trabajado estrechamente con Tim Gallwey en la producción de aplicaciones de su metodología «The Inner Game» a distintos puestos de trabajo y ahora trabaja con Jeffrey Lipsius, que ha desarrollado una aplicación específica de «Inner Game» en el ámbito de las ventas, para llevar su metodología La clave de la venta a las empresas españolas.

Este libro que tiene entre sus manos, cuyo título original en inglés es «*Selling to the point*», es la esencia de ese novedoso enfoque.

Si está interesado en conocer cómo podría beneficiar *La clave de la venta* a su empresa, puede contactar con IGAPPS.

Email: informacion@theinnergame.com.es
Web: http://www.theinnergame.com.es/